はじめに

　働く女性が妊娠・出産を経て、育児をしながらキャリアを築いていこうとすると、さまざまな壁にぶつかります。一方で、妊娠中の女性や、育児に携わる働く男女は、数々の「法令」によって守られています。本書では、この「法令」を、わかりやすく、かみ砕いて、とある働く女性「さくら」を主人公としたストーリーも交えて解説していきます。

　働きながら妊娠・出産・育児をするときにおおいに関係してくる法令といえば、「育児・介護休業法」や「男女雇用機会均等法」です。しかしこれらの法令は、時代とともに改正を繰り返しており、インターネット検索等で過不足なく正しい情報を得ることが難しいのが現状です。そこで本書がめざしたのは、「この1冊を読めば、産休・育休とその前後の課題、制度、法令等の全体像を把握し、理解できる」という内容です。企業や個人から数多くの相談を受け、トラブルを解決に導いてきた「東京労働局雇用環境・均等部」の多大な協力を得ることで、妊娠・出産に不安を覚える働く女性はもちろん、企業の人事総務、社会保険労務士など専門家の方々、そしてすべての働く男女にとっても、重要な内容が詰まった本となっています。

　私たちが生活しているこの社会が存続していくためには、子どもたちが生まれ、育っていくことが必要です。そしてもちろん、社会経済を支える働き手が必要です。「育児か、仕事か」の選択をせまるのではなく、「子どもを持ちたいし仕事もしたい」、という働く人の希望をかなえることで、よりよい未来を創っていけるはずだ、という思いを込めて、本書は作られています。

i

そのような思いを込めたこの書籍の企画は、全国の労働局の現場で30年にわたって奉職し、多くの企業・労働者の悩みに対峙してきた東京労働局　総括雇用環境改善・均等推進指導官　横山ちひろ氏の「雇用均等のこと、妊娠・出産を経て働く女性のこと、男性の働き方、たくさんたくさん伝えたいことがある！」という思いを編集者が受け止めて、「書籍にしましょう！」と声をかけたことからはじまっています。そして東京労働局雇用環境・均等部の皆さまのお力添えを得たことで、「ここはトラブルになりがち」「これは知っておいてほしい」など、現場の声を活かした内容にしていくことができました。さらに各章冒頭のEpisodeを創作した江頭紀子氏の尽力により、小難しい法制度について、架空の人物であるさくらの経験からも学んでいけるようになっています。

　また、横山ちひろ氏の「トラブルになってこじれてしまう前に、企業の方も労働者の方も、どっちにも知っておいてほしいことなんです！」という意を受けて、あえて企業の方向け、労働者の方向け、と情報をわけることはせず、あらゆる立場の人が同じ情報を得られるように書かれていることは、本書の特徴ともなっています。

　本書の制作にあたって多大なご協力いただいた東京労働局の皆さま、そして、企画段階からさまざまなアドバイスをもらい、判例解説をご執筆いただいた芦原一郎弁護士に、あらためて深く感謝いたします。

産労総合研究所　出版部　経営書院

東京労働局とは

　東京労働局は厚生労働省の出先機関であり、働く人を直接支援する第一線の行政機関です。いろいろな労働関係法令の観点から、労働者が働きやすい職場環境の整備を行っています。

　その中の雇用環境・均等部（通称：コキン部）では、妊娠・出産や育休等に関する相談を受けているほか、企業に話をきいて法律にそった雇用管理を行っているか確認し法違反が認められた場合は行政指導を実施、また、労働者と事業主のトラブルが発生した際に、中立的な立場から問題解決のお手伝いをする紛争解決援助などを行っています。

　本書は、毎日さまざまな相談やトラブルが寄せられる中で、よくある質問や多くの方が間違いがちな制度についてコキン部に取材し、わかりやすく、正しく理解していただけるよう解説したものです。

　本書に登場する様式やURLについては、東京労働局のホームページにも掲載されています。電子データをお求めの方は、以下の東京労働局ホームページもご覧ください。

| 東京労働局HP妊娠・出産・育児のページ | 検索 |

URL：https://jsite.mhlw.go.jp/tokyo-roudoukyoku/hourei_seido_tetsuzuki/kinto2/01.htm

妊娠・出産・育児のページ

目　次

はじめに（ⅰ）

東京労働局とは（ⅲ）

本書の構成と使い方（ⅸ）

本書における用語の使い方（ⅹ）

第0章　法令の読み解き方 …………………………… 1

1　法令の枠組みから理解するために ………………… 2

2　本書に登場する主な関係法令 ……………………… 3

3　法令を構造的に理解しよう ………………………… 5

4　法律の改正経緯をみてみよう ……………………… 6

5　今の法令を内容で整理してみよう ………………… 8

6　「解雇・不利益取扱い」理解のための手引 ………… 9

7　「解雇」にはさらに厳しい制限あり ……………… 18

8　裁判例も参考にしてください ……………………… 22

第1章　入社〜妊娠判明 ………………………………… 25

Episode 1　さくら妊娠！　仕事は…そして夫はどうする?!
……………………………………………………………… 26

1-1　妊娠判明！　まず知っておくべきこと ………… 32

1-2　シゴト続ける？　生涯賃金は？ ………………… 34

iv

1-3	妊娠したら、いつ会社に報告する？	……………	36
1-4	妊娠したら解雇って？【不利益取扱い①】	…	38
参考資料1	妊娠報告書の例	……………	42

第2章 妊娠中のこと …………………………45

Episode 2 つわりが…通勤が… 救いの「ぼけんカード」！ ……………46

2-1	働く妊産婦は、法令で守られている！	…………	50
2-2	妊婦健診、休みはとれる？	………………	52
2-3	医師から指導があったら？	………………	54
2-4	お役立ち！「ぼけんカード」	………………	58
2-5	夜勤ができないならパート？【不利益取扱い②】		
		……………	60
2-6	外回りができないなら降格？【不利益取扱い③】	……………	64
2-7	妊娠⇒休職⇒自然退職？【不利益取扱い④】	……………	68
参考資料2	母性健康管理措置に関する就業規則の参考例	………	70
参考資料3	母性健康管理指導事項連絡カード	……………	74

第3章 産休・育休をとる …………………77

Episode 3 子育てもキャリアも、不安だらけ！ …………78

3-1	産休・育休 基本の「き」	………………	84
3-2	産休のこと	………………	86
3-3	育休のこと（全体像）	………………	88
3-4	育休をとれる人・とれない人	………………	90

v

3−5	入社してすぐでも産休・育休とれるの？	……………… 94
3−6	パートやアルバイトでも産休・育休とれるの？	………… 96
3−7	派遣労働者でも産休・育休とれるの？	…………… 98
3−8	産休・育休がとれない？【不利益取扱い⑤】	………… 102
3−9	産休・育休とお金の話	……………………… 106
3−10	産休・育休の手続き	………………………… 110
3−11	会社（事業主）がしなければならないこと	………… 112
3−12	代替要員の話　これ、大事です！	………… 116

COLUMN 研修動画もご利用ください ……………… 120

参考資料 4 育児休業申出書の例 ………………… 122

参考資料 5 取扱通知書の例 ………………………… 124

第4章　産休・育休中のこと ……………… 125

Episode 4　新しい命が誕生！
　　　　　　　新米母はクタクタボロボロ ……………… 126

4−1	産休突入！　出産前にすべきこと	………………… 134
4−2	出産後には手続きもたくさん	………………… 136
4−3	育休の申出期限は出産後1か月	………………… 140
4−4	育休の延長・短縮は要件を確認！	………………… 142
4−5	保育園入園と育休期間はセットで	………………… 148
4−6	産休・育休中に解雇？【不利益取扱い⑥】	………… 152
4−7	産休・育休中に雇止め？【不利益取扱い⑦】	………… 156
4−8	産休・育休中は賞与なし？【不利益取扱い⑧】	……… 160
4−9	産休・育休と年次有給休暇	………………… 164

COLUMN 働く女性の心とからだの応援サイト ………… 167

第5章　職場復帰 ···························· 169

Episode 5　せ、席がない～～　シゴトしたいのに ············ 170

5－1　復職拒否、それはないでしょう？【不利益取扱い⑨】········ 174

5－2　復職時の配置転換、アリ？　ナシ？【不利益取扱い⑩】······ 178

5－3　復職時に降格！　ってうそ～【不利益取扱い⑪】·············· 182

5－4　復職する人はみんなパートって、あり？【不利益取扱い⑫】

　　　·· 186

5－5　最重要！　育休から復職後の働き方 ························· 190

第6章　働きながら子どもを育てる ···················· 193

Episode 6　分刻みのスケジュールで……事件勃発！ ········ 194

6－1　働きながら子どもを育てるための制度 ····················· 198

6－2　短時間勤務制度はどの会社にもあります ····················· 200

6－3　柔軟な働き方ができるようになります ····················· 204

6－4　子の看護等休暇はどういうときにとれるの？ ·············· 206

6－5　残業は無理なんです…というときは？ ····················· 208

6－6　夜勤は無理なんです…というときは？ ····················· 210

6－7　時短するならパートになります?!【不利益取扱い⑬】······ 212

6－8　時短だから課長になれない？【不利益取扱い⑭】·············· 214

6－9　時短勤務のときの賞与は？【不利益取扱い⑮】·············· 218

6－10　育児中の転勤はキツイです ······························· 220

vii

第7章　パパも活躍 ………………………………………… 223

Episode 7　オトコもつらいよ…
　　　　　　　寅、育休を3回とるの巻 ……………………… 224

7-1　子育てに関する制度はすべてパパも利用できる ………… 234
7-2　パパの育休　基本の「き」…………………………… 236
7-3　「産後パパ育休」をとことん解説 …………………… 238
7-4　「産後パパ育休」でとる？　「育児休業」でとる？ ……… 244
7-5　早く生まれたとき、遅く生まれたとき …………………… 246
7-6　いつとる？　何回とる？ …………………………… 250
7-7　シチュエーションごとの育休のとり方 ………………… 252
7-8　「パパ・ママ育休プラス」を使った育休のとり方 ……… 256
7-9　「育休」だけじゃない！　パパが使える制度 ………… 258

COLUMN　イクメンプロジェクト ………………………… 261

参考資料6　産休・育休などに関連する裁判例の紹介 ……… 263

明治図書出版事件 …………………………………………… 264
東朋学園事件 ………………………………………………… 265
広島中央保健生協（C生協病院）事件 …………………… 266
ツクイほか事件 ……………………………………………… 267
社会福祉法人緑友会事件 …………………………………… 268
アメックス（降格等）事件 ………………………………… 269

巻末資料　「妊娠・出産・育児」年表

本書の構成と使い方

　本書は、とある会社で社内の両立支援制度の整備に取り組む社員が、「東京労働局さん」に教わった内容や自らの経験を1冊にまとめた、という体裁で書かれています。このため、雇用管理する側に向けての解説もあれば、働く妊婦や育児中の男女に向けた解説もあります。

　第0章では、妊娠・出産・育児期に働くことに関する法令や通達全般の読み解き方について解説しています。このため、「労働者」「事業主」などの法律に書かれている用語で解説しています。第1章以降は、妊娠・出産・育児の時系列にそって、従業員の権利や会社がやるべきことなどを説明していきます。このため、「従業員」「会社」など、会社員が普段から使っている言葉を使って説明していきます。なお、本書における「労働者」「従業員」は、基本的に会社などで雇われて働く人を指しています。

　そして、第1章〜第7章冒頭の Episode は、産休・育休を経て働くことを、もっと身近にリアルに感じてほしいという思いから創作した物語です。東京労働局のある東京都千代田区九段下といえば桜の名所、ということで名づけられた主人公「さくら」と夫の「寅」、総務課長などが、ことあるごとに東京労働局のコキンさんに「教えて！」とたずねつつ、成長していくストーリーとなっています。

　会社の人事担当者や経営者の方、あるいは社会保険労務士や弁護士などの専門家の方は、第0章から読んでいただければと思います。とくに、妊産婦や育児中の従業員に対する減給や解雇といった「不利益取扱い」に関する解説は、ぜひ読んでおいてほしい内容です。

　なんとなく妊娠中や育児中の働き方が気になってこの本を手に取ってみたという方は、まずは第1章以降の冒頭にある Episode だけ読み進めてもらってもいいと思います。

　具体的な課題をかかえてこの本を手に取った方は、各章の気になるテーマから読み進めていただければと思います。

ix

本書における用語の使い方

　本書では、法令で使われている用語を、なるべくわかりやすく、日常的に使う言葉で説明するにあたり、基本的に次のように表現しています。

・本書で多く使われる法令の名称については、略称で表記しています。詳しくは、第0章②（3頁）をご覧ください。

・法令において、義務とされていることは「しなければなりません」など、禁止されていることは「できません」など、断定的な表現にしています。

・法令において、努力義務とされていることについては「努めることとされています」と表記しています。

・指針などで望ましい例として示されていることなどは「望ましいとされています」などの表記にしています。

・多くのトラブルなどに対応するなかで得られた経験知として、よりよいと思われる方法、やり方などについては、「おすすめします」「〜とよいでしょう」などと表記しています。

・産前産後休業については、以下のとおりです。

① 労働基準法65条1項に定められた休業は「産前休業」と表記します。

② 同法65条2項に定められた休業は「産後休業」と表記します。

③ ①と②をあわせて「産前産後休業」または「産休」と表記します。

・育児休業については、以下のとおりです。

❶ 育児・介護休業法5条に定める育児休業を「育児休業」または「育休」と表記します。

❷ 同法9条の2に定める出生時育児休業を「産後パパ育休」と表記します。

❸ 第7章では、❶は「育児休業」と表記し、❶と❷をあわせて「育休」と表記します。

　以下の用語については、簡略化して表記します。

・「ぼけんカード」：母性健康管理指導事項連絡カード

・「妊産婦」：妊娠中及び産後1年を経過しない女性

・「妊婦健診」：妊産婦のための保健指導または健康診査

・「医師等」：医師または助産師

・「母健措置」：母性健康管理措置

・「年休」：年次有給休暇

※（⇒○頁）、（⇒○－○）は参照頁、参照章－節を指します。

第0章

法令の読み解き方

1　法令の枠組みから理解するために

　まずこの第0章では、妊娠・出産・育児をしながら働くときに関係する法令の全体像について解説します。そのうえで、第1章～第7章では妊娠→出産→育児期の時系列にそって、働く人と雇用する側の人の双方に向けて、網羅的に、知っておいてほしいことや注意してほしいことを解説していきます。

（1）第0章で解説していること

　第0章の 2 ～ 5 では、法令の種類や役割などの全体像を解説します。

　そして 6 では、職場でトラブルになりがちな「解雇・不利益取扱い」について、具体的な出来事を法令の枠組みにあてはめて考え、判断していくためのツールを示します。このツールは、数々のトラブル対応などを行ってきた東京労働局さんが、複雑に入り組んだ法律や通達について、「こういうふうに考えるとわかりやすいです！」と教えてくれたことをまとめた内容になっています。「なんでこれはよくて、あればダメなの？」などの疑問がたくさんある会社の方や専門家の方には、ぜひ読んでほしい内容です。

　7 は、6 で解説した「解雇・不利益取扱い」の中でもとくに多くの法律による縛りがある「解雇」について解説しています。

　さらに 8 では、「裁判例」について説明しています。具体的な裁判例の解説は、巻末の「参考資料6」に掲載しています。

（2）第1章から読むのもOK

　難しい法律の話は苦手！　という方は、第0章はとばして、第1章から読み進めても問題ありません。もっと詳しく知りたい、と思ったときには、第0章に戻ってきてみてください。

2

第 0 章　法令の読み解き方

② 本書に登場する主な関係法令

　まずは、本書に登場する主な関係法令の一覧です。

　妊娠、出産、産休・育休、復職という各ステージにおける雇用管理が適切に行われるためには、多くの法令を知っておく必要があります。

【本書に登場する関係法令】「本書での略称」：正式名称等

■法律

「均等法」：雇用の分野における男女の均等な機会及び待遇の確保等に関する法律（昭和47年法律第113号）（「男女雇用機会均等法」ともいう）

「労基法」：労働基準法（昭和22年法律第49号）

「育介法」※：育児休業、介護休業等育児又は家族介護を行う労働者の福祉に関する法律（平成 3 年法律第76号）（「育児・介護休業法」ともいう）

「派遣法」：労働者派遣事業の適正な運営の確保及び派遣労働者の保護等に関する法律（昭和60年法律第88号）

「労契法」：労働契約法（平成19年法律第128号）

■施行規則

「均等則」：雇用の分野における男女の均等な機会及び待遇の確保等に関する法律施行規則（昭和61年労働省令第 2 号）

「女性則」：女性労働基準規則（昭和61年労働省令第 3 号）

「育介則」：育児休業、介護休業等育児又は家族介護を行う労働者の福祉に関する法律施行規則（平成 3 年労働省令第25号）

■指針

「性差別指針」：労働者に対する性別を理由とする差別の禁止等に関する規定に定める事項に関し、事業主が適切に対処するための指針（平成18年厚生労働省告示第614号）

※本書における条文番号等は、改正法施行後の令和 7 年10月 1 日時点のもの。

3

「**母健指針**」：妊娠中及び出産後の女性労働者が保健指導又は健康診査に基づく指導事項を守ることができるようにするために事業主が講ずべき措置に関する指針（平成9年労働省告示第105号）

「**マタハラ指針**」：事業主が職場における妊娠、出産等に関する言動に起因する問題に関して雇用管理上講ずべき措置についての指針（平成28年厚生労働省告示第312号）

「**育介指針**」：子の養育又は家族の介護を行い、又は行うこととなる労働者の職業生活と家庭生活との両立が図られるようにするために事業主が講ずべき措置等に関する指針（平成21年厚生労働省告示第509号）

■ 通達

「**均等法解釈通達**」：改正雇用の分野における男女の均等な機会及び待遇の確保等に関する法律の施行について（平成18年10月11日雇児発第1011002号）（12条・13条については、平成9年11月4日基発第695号・女発第36号）

「**育介法解釈通達**」：「育児休業、介護休業等育児又は家族介護を行う労働者の福祉に関する法律の施行について」（平成28年8月2日職発0802第1号・雇児発0802第3号）

＼ 教えて！ ／
指針や通達はどこで調べられるの？

　　　はじめまして。東京労働局雇用環境・均等部のコキンです。
　これから、法律のことはもちろんですが、法律はさておいて、働く人や会社の総務・人事担当の方々にお伝えしたいことを、私なりの言葉で語っていきます。
　まずは、この本に出てくる法令や指針、通達について調べられる場所ですが、東京労働局のホームページ（⇒ⅲ頁）に掲載しています。キーワードでの検索もできますので、ぜひご利用ください。巻末の「参考になるウェブサイトなど」も見てみてください。

③ **法令を構造的に理解しよう**

次に、法律→施行規則・指針→通達というしくみと、このしくみを構造的に理解せずに、ネット検索などで得た部分的な情報だけで問題を解決しようとする危険性について説明します。

（1）関係法令の区分
① 法律
「法律」とは、国会が定めるルールです。内閣や国会議員が提出した「法律案」が国会で審議され、成立したら「法律」となり、官報に掲載するなどの方法で公布され、その後施行されます。

② 施行規則・指針
「施行規則」「指針」とは、「法律」の詳細について、審議会※などの見解を踏まえ大臣が定めるルールで、「政令」「省令」とも呼ばれます。

③ 通達
「通達」とは、行政官庁がその所掌事務について、所管の機関や職員に文書で通知すること、とされていますが、本書においては法令の解釈や運用方針などの詳細について厚生労働本省から都道府県労働局に通達されたものをさしています。

（2）構造的な理解が必要な理由
たとえば、本章の **⑥** で解説している「解雇・不利益取扱い」について、「法律」には「妊娠等の事由を理由とする不利益取扱いは禁止」とだけ書いてあり、「施行規則」で「妊娠等の事由」には何があたるのかについて規定し、「指針」でどんな「不利益取扱い」が禁止なのかを例示し、詳細な判断については「通達」で説明しています。このため、部分的な情報だけをみて理解したつもりになってしまうのは、危険なのです。

※国や地方自治体の行政機関に附属し、その長の諮問に応じて、特別の事項を調査、審議する合議制の機関のこと。

4 法律の改正経緯をみてみよう

　育休に関連する法律は、改正が多いことでも有名です。

　時代が変われば、社会の変化をおいかけるように、法律も変わっていきます。女性が妊娠・出産を経て働き続けられる環境が整えられ、男性も育児ができる環境が整えられ、だれでも、ちゃんと育休がとれるように、そして社会全体で出産・育児を支えられるように、法律は少しずつバージョンアップしてきています。

　ここで、今現在の法令を理解するための前提として、これまでの育休関連の法律改正について、「なんのために改正されたのか」という情報も交えてみていきましょう。

【平成3年に「育児休業等に関する法律」が国会で成立。平成4年4月1日に施行】

　当時は、常時30人以上の労働者を雇用する事業所だけが対象でした。

【平成7年4月1日、全ての事務所が育休の対象に】

　育休がとれるようになっても、復職時に降格になったり、評価が悪くなったりするようでは休むことをためらってしまいます。

【平成13年11月16日、育休を理由とする解雇に加え、雇止め、降格、不利益算定などの不利益取扱いも禁止に】

　当時、育休は雇用契約期間の定めのない、いわゆる「正社員」だけがとれるものでした。

【平成17年4月1日から、有期契約労働者も対象に】

　育休を理由とする不利益取扱いは禁止され、有期契約でも育休がとれるようになりましたが、育休前の妊娠、産休などで雇止めになって、結局育休がとれないという問題が残っていました。

【平成19年 4 月 1 日、妊娠・出産・産休等を理由とした解雇に加え、その他の不利益取扱いも禁止に】

　その後、男性の育休取得を促進するための改正が行われました。

【平成22年 6 月30日、パパ・ママ育休プラスなどができ、配偶者が専業主婦などの場合も育休がとれるように】

　このように制度は充実してきて、解雇や降格などは禁止になりましたが、育休をとると、上司や同僚から「迷惑だ」「男のくせに育休か」などと言われる職場では育休なんてとれません。

【平成29年 1 月 1 日から、ハラスメント対策が事業主の義務に】

　それでも、その会社での前例がなかったりすると、自分でどんな制度を使えるのかなど調べて「育休をとりたいのですが…」と言い出すのはハードルが高いものです。

【令和 4 年 4 月 1 日、育休を申出しやすい環境整備、個別周知・意向確認が事業主の義務に】

　それでも男性の育休取得率はまだまだ低いので、よりパパとママが協力して育児しやすいようにさらに法律が改正されました。

【令和 4 年10月 1 日、「産後パパ育休」がスタートし、育休は 2 回分割できるように】

　そして、育休だけでなく、復職後も子どもが大きくなるまで仕事と育児を両立していけるように、制度が拡充されます。

【令和 7 年 4 月 1 日には「子の看護等休暇」の対象が拡大され、同年10月には 3 歳になってから小学校入学までの「柔軟な働き方を実現するための措置」がスタート】

　このように、数々の改正が積み重なって現在の法制度になっているので、古い情報が更新されないままだと「できること」や「やってはいけないこと」を間違ってしまうかもしれません。そこで、ここからは、現時点の法令をしっかりみていくことにします。

5　今の法令を内容で整理してみよう

　現時点の法令は、たくさんの改正が時間軸で重ねられてきたものともいえます。ここで、現時点の法令を「内容」を軸に切ってみてみると、全体像は以下のようになります。

（1）労働者の権利
　母性健康管理措置、産休・育休、短時間勤務などについては、労働者の権利として法令で規定されています。

（2）解雇・不利益取扱いの禁止
　産休・育休の取得などは、法律上の権利として保証されていますが、産休中や育休中は、労働契約の核である「労務の提供」ができない、というものです。このため、「労務の提供」ができないことなどを理由に解雇、雇止め、降格などになるようでは、安心して権利を行使できない、ということになります。そこで、「妊娠・出産・産休・育休等を理由とする解雇・不利益取扱いは禁止」されることが法令で明確に示されています。

（3）事業主の義務
　さらに、希望する人は皆、産休・育休をとって働き続けられるように、事業主にハラスメント対策、育休を申出しやすい環境整備、個別周知・意向確認が義務付けられています。

　さて、上記の（1）（2）（3）のなかでいちばん難しいのは、じつは（2）の「解雇・不利益取扱いの禁止」です。そこで、次ページから「解雇・不利益取扱いの禁止」を詳しくみていきます。

第0章　法令の読み解き方

6　「解雇・不利益取扱い」理解のための手引

　「解雇・不利益取扱い」に関する法律、施行規則・指針、通達は東京労働局のホームページ（⇒ⅲ頁）に掲載しています。ここでは、<u>要点</u>を整理して、<u>事例</u>も示しながら解説します。

（1）禁止されていること

> 【法律】
> 　妊娠・産休・育休等の事由を理由として、労働者に対して解雇その他不利益な取扱いをしてはならない。

　すなわち、禁止されているのは、「<u>妊娠・産休・育休等</u>※の事由を理由とする解雇・不利益取扱い</u>」です（均等法9条3項、育介法10条）。

（2）「妊娠・産休・育休等の事由」

　<u>妊娠・産休・育休等の事由</u>については、均等法及び育介法並びに施行規則で定められています。整理すると、次頁「<u>（4）禁止パターン12×12</u>」A欄の①～⑫のとおりです（10頁脚注参照）。

（3）「不利益取扱い」

　「<u>不利益取扱い</u>」とは、仮に労働者が妊娠・産休・育休等をしなかった場合の処遇と比較して、現在の処遇が低下しているとき、この処遇を低下させた行為のことをいいます。

　具体的には、均等法及び育介法の指針で例示されており、次頁「<u>（4）禁止パターン12×12</u>」B欄の①～⑫のとおりです（性差別指針第4の3、育介指針第2の11）。

※育介法では、10条のほか、子の看護等休暇（16条の4）、子どもを養育する労働者の所定外労働の制限（16条の10）・時間外労働の制限（18条の2）・深夜業の制限（20条の2）・所定労働時間の短縮措置（23条の2）についても同様にこれらを理由とする不利益取扱いが禁止されている。

9

（4）禁止パターン12×12

A 妊娠・産休・育休等の事由

【均等法】
① 妊娠したこと。
② 出産したこと。
③ 母性健康管理措置を求め、または受けたこと。
④ 坑内業務及び危険有害業務に就けないこと、就けないことを申し出たこと、または就かなかったこと。
⑤ 産休を請求または取得したこと。
⑥ 妊娠中の女性が軽易業務への転換を請求し、または転換したこと。
⑦ 妊産婦が時間外・休日・深夜に労働しないことを請求、または労働しなかったこと。
⑧ 育児時間を請求、または取得したこと。
⑨ 妊娠・出産に起因する症状により労働できないこと、できなかったこと、労働能率が低下したこと。

【育介法】
⑩ 育児休業、産後パパ育休、子の看護等休暇、育児短時間勤務、所定外労働の制限、時間外労働の制限及び深夜業の制限の申出・請求または取得したこと。
⑪ 本人または配偶者の妊娠・出産等を申し出たこと。
⑫ 産後パパ育休期間中の就業可能日等を申出・同意しなかったこと。

【根拠条文】①均等法9条3項、②均等法9条3項、③均等則2条の2第3号、均等法12条13条、④均等則2条の2第4号、労基法64条の2、労基法64条の3、⑤均等法9条3項、労基法65条1項2項、⑥均等則2条の2第6号、労基法65条3項、⑦均等則2条の2第7号、労基法66条1項2項3項、⑧均等則2条の2第8号、労基法67条、⑨均等則2条の2第9号、⑩育介法10条、育介法16条の4、育介法23条の2、育介法16条の10、育介法18条の2、育介法20条の2、⑪育介法21条6項、⑫育介則22条の2、育介法9条の5。①～⑨は性差別指針第4の3(1)も参照のこと。⑩～⑫は育介指針第2の11も参照のこと。

第0章　法令の読み解き方

B 不利益取扱いの例

【性差別指針及び育介指針】

① **解雇**すること。

② 期間を定めて雇用される者について、**契約の更新をしないこと**（**雇止め**）。

③ あらかじめ契約の更新回数の上限が明示されている場合に、**回数を引き下げること**。

④ **退職の強要**または正社員からパートタイム労働者等への**労働契約内容の変更を強要**すること。

⑤ **降格**させること。

⑥ **就業環境を害する**こと。

⑦ **不利益な自宅待機**を命ずること。

⑧ 減給をし、または**賞与**等において**不利益な算定**を行うこと。

⑨ **昇進・昇格**の人事考課において**不利益な評価**を行うこと。

⑩ **不利益な配置の変更**を行うこと。

⑪ 派遣労働者について、**派遣先が派遣労働者の役務を拒む**こと。

【育介指針】

⑫ **労働者が希望する期間を超えて**、その意に反して所定外労働の制限、時間外労働の制限、深夜業の制限または所定労働時間の短縮措置等を適用すること。

　上記はあくまでも例示であり、ここに書かれているもの以外でも「不利益取扱い」にあたる場合があります（均等法解釈通達、育介法解釈通達）。

【根拠条文】①均等法9条3項、育介法10条、②性差別指針第4の3(2)ロ、育介指針第2の11(2)ロ、③性差別指針第4の3(2)ハ、育介指針第2の11(2)ハ、④性差別指針第4の3(2)ニ、育介指針第2の11(2)ニ、⑤性差別指針第4の3(2)ホ、育介指針第2の11(2)ト、⑥性差別指針第4の3(2)へ、育介指針第2の11(2)ル、⑦性差別指針第4の3(2)ト、育介指針第2の11(2)ホ、⑧性差別指針第4の3(2)チ、育介指針第2の11(2)チ、⑨性差別指針第4の3(2)リ、育介指針第2の11(2)リ、⑩性差別指針第4の3(2)ヌ、育介指針第2の11(2)ヌ、⑪性差別指針第4の3(2)ル、育介指針第2の16、⑫育介指針第2の11(2)へ

11

法律では「 A を理由として B をしてはならない」（⇒ 6（1）)と定められているので、 Aの①〜⑫ × Bの①〜⑫ ＝ 144通り全てのパターンが禁止の対象です。

以下の説明で A は10頁、 B は11頁の内容をさします。

（5）法違反となるのは

【法律】
　 A を理由として B してはならない。

【指針】
　理由としてとは、 A と B の間に因果関係があることをいう。

と規定されているので、法違反となるのは、 A と B の間に因果関係がある場合です（均等法9条3項、性差別指針第4の3(1)、育介法10条、育介指針2の11(1)）。

（6）因果関係

続いて、因果関係について詳しくみていきましょう。

上記のとおり、法違反となるのは「A：妊娠・産休・育休等の事由」と「B：不利益取扱い」の間に因果関係がある場合です。

ただ、育休をとって長期間休むと、「育休をとったから」ではなく、その前後に起こる「経営状況の変化」などを理由として「不利益取扱い」をしたのだ、と事業主が主張することがあります。また、「もともと辞めてもらいたいと思っていた」「あなたが休んでいても仕事は回っている」と言い、「労働者の能力」などを理由に事業主が労働者に対して退職を強要し、トラブルになることもあります。これらのケースでは、実際に会社としては「妊娠・産休・育休等を理由に解雇や不利益な取扱いをする」意図はなかった、ということも多くあります。

このため、トラブルになった際には、法令や通達にそって、因果関

係があるのかないのかをみていくことになります。

　次の2つのケースで因果関係の有無について考えてみましょう。

【ケース1】

　労働者が産休・育休から復職しようとしたところ、「あなたの産休・育休中に別の正社員を雇ったから、あなたの戻る場所はなくなったので辞めてもらう」と言われた。

　産休・育休をとったから戻る場所がなくなり解雇されたので、このケースは産休・育休と解雇の間には因果関係があると考えられます。

【ケース2】

　妊娠した労働者が産休・育休をとりたいと事業主に申し出たところ、「経営が厳しく1年後に会社がどうなっているかわからないので産休までで辞めてもらう」と言われた。

　経営状況を理由にしている一方で、産休・育休をとりたいと言わなければ解雇の話はでていなかったかもしれず、産休・育休と解雇の間に因果関係があるようにもないようにもみえます。

　このように、産休・育休等と解雇・不利益取扱いの因果関係は判断が難しいものが多いため、事業主が悪気なく法違反をしてしまったり、労働者が法で禁止された不利益取扱いをされても泣き寝入りしてしまったりということが起きてしまいがちです。

　法違反かどうか迷った場合やトラブルが生じそうなときには、まずは因果関係の有無を検討するために「　A　がなかったら　B　が起こったか」を考えてみること（名付けて「なかったら判定」）をおすすめします。

（7）解釈通達

　それでも実際にはさまざまな状況があるので、　A　と　B　の

因果関係の有無を判断することは簡単ではありません。そこで、解釈通達においては、「産休・育休等と時間的に近接している不利益取扱いは、例外に該当するような特段の事情等がある場合を除き、法違反とみなす」という解釈が示されています（均等法解釈通達、育介法解釈通達）。

【解釈通達】

 A と時間的に近接して B が行われた場合は、原則として、 A を理由として B がなされたと解される。

 ただし、例外1又は例外2のどちらかに該当する場合についてはこの限りでない。

例外1　法の趣旨に反しないほどの「特段の事情」がある場合

① 円滑な業務運営や人員の適正配置の確保などの業務上の必要性から支障があるため B を行わざるを得ない場合において

② その業務上の必要性の内容や程度が、法の趣旨に実質的に反しないものと認められるほどに、 B により受ける影響の内容や程度を上回ると認められる特段の事情が存在すると認められるとき

例外2　労働者の「真の同意」がある場合

① A 又は B により受ける有利な影響が存在し、かつ、労働者が B に同意している場合において、

② A 又は B により受ける有利な影響の内容や程度が B により受ける不利な影響の内容や程度を上回り、 B について事業主から労働者に対して適切に説明がなされる等、一般的な労働者であれば B について同意するような合理的な理由が客観的に存在するとき

第 0 章　法令の読み解き方

（8）「3 step 判定」のしくみで判断

これまでの説明内容を整理すると、以下のとおりです。

> ①　　A　を理由とする　B　は禁止
> ②　　A　と　B　に因果関係があることが明らかな場合
> 　は、法違反
> ③　因果関係がわかりにくい場合は、解釈通達にそって判断

そこで本書では、上記の①〜③を「3 step 判定」というしくみにおとしこんで解説をしていきます。

■ 3 step 判定 ■ の使い方

（…その取扱いは法違反（⇒禁止）か？）

> **step 1**　**判定ボードの準備**
>
> 「禁止パターン12×12」（10-11頁）から選択し、判定ボード
> 　A　と　B　を埋める。

> **▶判定ボード◀**
>
> | A 　　　　　　　　　　　　　　　 | を理由とする
> | B 　　　　　　　　　　　　　　　 | に該当する場合
> すなわち、　A　と　B　に因果関係がある場合は法違反です。

step 1 でまず行うのは、「具体的に起こったこと」を「A 事由」と「B 不利益取扱い」とに整理して、「判定ボード」という法律の枠組みにおとしこめるかどうかをみていく作業です。

たとえば13頁の【ケース 2】で考えると、「妊娠した労働者が産休・育休をとりたいと事業主に申し出た」という「A 事由」で、「産休までで辞めてもらう」という「B 不利益取扱い」を行うと言われた、と整理できます。ですから「判定ボード」の　A　には、10頁のA欄から該当する「⑤⑩産休・育休の請求・申出」（均等法 9 条 3 項、育介法

15

10条）を選んで入れ、　B　には11頁のＢ欄から該当する「①解雇」
（均等法9条3項、育介法10条）を入れます。

---

step 2　なかったら判定

　「　A　がなかったら、　B　は起きていたか？」と考えてみることにより、因果関係をチェックする。

---

　step 2では、「なかったら判定」で、因果関係の有無を確認します。ここでも【ケース2】でみてみると、「産休・育休をとりたいと事業主に申し出」なかったら、「辞めてもらう」と言われたかどうか、を考えてみるわけです。
　ここで因果関係があると判断できる場合は法違反です。因果関係の判断がつかない場合や、一見すると因果関係がないようにみえる場合は、次の step 3 に進みます。

---

step 3　ダメ押しチェック

　解釈通達の考え方にそって、法違反の有無について判定する。

▶解釈通達◀
①　　A　と　B　が時間的に近接していて
②　2つの例外のどちらにも該当しない場合は、
　　「　A　を理由とする　B　」（＝法違反）とみなす。

① 　時間的に近接しているか？
　「近接している」については、「例えば、育休を取得した労働者に対する不利益取扱いの判断に際し、定期的に人事考課・昇給等が行われている場合においては、取得後の直近の人事考課・昇給等の機会までの間に、不利益な評価が行われた場合は、時間的に近接して行われたものと判断すること」という解釈が通達で示されています（育介法解釈通達。均等法解釈通達にも同様の記載あり）。

16

② 2つの例外に該当するか？

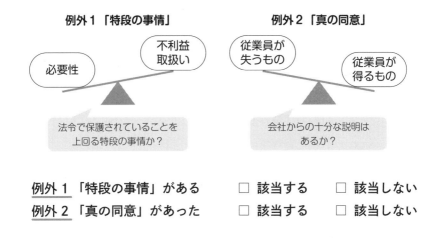

例外1 「特段の事情」がある　　☐ 該当する　　☐ 該当しない
例外2 「真の同意」があった　　☐ 該当する　　☐ 該当しない

　このstep 3「ダメ押しチェック」では、「①時間的に近接しているか？」と「②2つの例外に該当するか？」の両方について確認します。①時間的に近接していて、②2つの例外（14頁の【解釈通達】例外1、例外2を参照のこと）のどちらにも該当しない場合は「因果関係がある」とみなされ、法違反と判断されます（均等法解釈通達、育介法解釈通達）。

　上の2つのシーソーの図は、14頁の【解釈通達】の例外1と例外2を図で表したものになります。こちらの2つのシーソーの図を思い浮かべながら、シーソーの両端にのるものは何だろうか、と考えてみて、例外にあたるかどうかを判断する材料にしてください。

　具体的な事例にも基づく考え方は、第1章以降に出てくる【不利益取扱いシリーズ①〜⑮】を参考にしてください。

（9）本書の【不利益取扱い】シリーズ

この考え方にそって、以下15パターンの不利益取扱いを解説しています。

① 1-4 妊娠したら解雇って？
② 2-5 夜勤ができないならパート？
③ 2-6 外回りができないなら降格？
④ 2-7 妊娠⇒休職⇒自然退職？
⑤ 3-8 産休・育休がとれない？
⑥ 4-6 産休・育休中に解雇？
⑦ 4-7 産休・育休中に雇止め？
⑧ 4-8 産休・育休中は賞与なし？
⑨ 5-1 復職拒否、それはないでしょう？
⑩ 5-2 復職時の配置転換、アリ？ナシ？
⑪ 5-3 復職時に降格！　ってうそ〜
⑫ 5-4 復職する人はみんなパートって、あり？
⑬ 6-7 時短するならパートになります?!
⑭ 6-8 時短だから課長になれない？
⑮ 6-9 時短勤務のときの賞与は？

7 「解雇」にはさらに厳しい制限あり

「解雇」とは、労働契約を将来に向かって解約する事業主の一方的な意思表示をいいます。産休・育休等を理由とする不利益取扱いの中でも、解雇については、労基法や労契法などさらに多くの条文が関係します。どのような条文があるのか、それぞれの条文の関係などについて、まとめて解説します。

（1）関係する条文

まず、関係する条文（一部抜粋・編集）を紹介します。

第 0 章　法令の読み解き方

① 労基法19条（解雇制限）

使用者は、…（中略）…産前産後の女性が労基法第65条（産前産後休業）の規定によって休業する期間及びその後30日間は、解雇してはならない。ただし、使用者が…（中略）…天災事変その他やむを得ない事由のために事業の継続が不可能となった場合においては、この限りでない。

② 均等法 9 条 3 項（妊娠、出産等を理由とする不利益取扱いの禁止）

事業主は、その雇用する女性労働者が妊娠したこと、出産したこと、産前休業を請求し、産前産後休業をしたことその他の妊娠又は出産に関する事由であって厚生労働省令で定めるものを理由として、当該女性労働者に対して解雇その他不利益な取扱いをしてはならない。

③ 育介法10条（育休を理由とする不利益取扱いの禁止）

事業主は、労働者が育児休業申出…（中略）…をし、若しくは育児休業をしたこと…（中略）…を理由として、当該労働者に対して解雇その他不利益な取扱いをしてはならない。

④ 均等法 9 条 4 項（解雇の無効）

妊娠中の女性労働者及び出産後 1 年を経過しない女性労働者に対してなされた解雇は、無効とする。ただし、事業主が当該解雇が均等法第 9 条第 3 項に規定する事由を理由とする解雇でないことを証明したときは、この限りでない。

⑤ 労契法16条（解雇）

解雇は、客観的に合理的な理由を欠き、社会通念上相当であると認められない場合は、その権利を濫用したものとして、無効とする。

19

（2）法律の及ぶ期間

①〜⑤のうち、①労基法19条及び④均等法9条4項は、一定の期間に解雇することを無効としたり、禁止したりしています。

〈例〉8/1生まれ（予定日どおり出産）のケースについて図にすると以下のとおり。

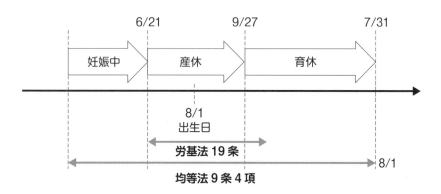

①<u>労基法19条</u>は、上図の期間は「解雇してはならない」という強い規定により禁止されており、同条違反の解雇は<u>無効</u>となり、<u>罰則（6か月以下の懲役又は30万円以下の罰金）</u>の対象にもなります（労基法119条）。

④<u>均等法9条4項</u>は、上図の期間になされた解雇について、<u>裁判で争うまでもなく無効</u>とするという民事的効力を定めたものです。この期間の解雇については、事業主が「妊娠・出産等を理由とする解雇ではない」ことを証明しない限り無効となり、<u>立証責任は事業主が負います</u>（均等法解釈通達）。

（3）一定の事由での解雇禁止

一方、②<u>均等法9条3項</u>及び③<u>育介法10条</u>は、一定の事由を理由とする解雇を<u>禁止</u>しています。

理由や考え方については❻「解雇・不利益取扱い」理解のための

第0章　法令の読み解き方

手引（9頁）のとおりで、解釈通達により妊娠・産休・育休等と時間的に近接する解雇は14頁の例外1又は例外2に該当しない限り法違反と解釈するとされている点にも注意が必要です。

（4）複数の法律・条文の関係

それぞれの法律・条文は、目的、時期、罰則の有無が異なりますが、重なりあう部分については全ての規定が適用されます。

もちろん、妊娠・出産・育児の時期の解雇についても、均等法や育介法だけではなく、⑤労契法16条も適用されます。このため、他の解雇事案と同様に、「客観的・合理的理由」と「社会通念上の相当性」が認められない場合は無効と判断されることもあります。

以上のように、「解雇」に関してはさまざまな規定があり、妊娠中、産休・育休中の労働者を一方的な会社の都合で解雇することはできません。

21

8 裁判例も参考にしてください

　本書で解説している【不利益取扱い】シリーズ（⇒18頁）は、あくまでも東京労働局という行政機関に教えてもらった考え方のポイントです。行政機関では、事業所において育介法などが遵守されるよう事業主に対して指導を行っていますが、司法機関である裁判所では具体的な解雇などの事案について、その適法性を判断しています。このため、具体的なケースについては、裁判所はどのように判断したのか、過去の裁判例を参考にしてください。

【参考資料6】

・明治図書出版事件（東京地裁 H14.12.27決定）

・東朋学園事件（最高裁 H15.12.4判決）

・広島中央保健生協（C生協病院）事件（最高裁 H26.10.23判決）

・ツクイほか事件（福岡地裁小倉支部 H28.4.19判決）

・社会福祉法人緑友会事件（東京高裁 R3.3.4判決）

・アメックス（降格等）事件（東京高裁 R5.4.27判決）

　さて、次章（⇒25頁）からは、時系列にそって具体的な場面を想定しつつ、これらの法令がどう適用されるのかみていきましょう！

【解釈通達について】

　均等法や育介法は、法改正がたびたび行われてきており、改正のたびに法令の条文全体についての「解釈通達」（⇒5頁）が出されています。この解釈通達は、「均等法」「育介法」それぞれの条文にそう形で、その解釈について記述されていますので、法令にそってみていくことで、該当する文言にあたることができます。

　このため、本書籍では、根拠となる法令・条文番号等を（　）で示していますが、「均等法解釈通達」「育介法解釈通達」については、掲載されている番号等までは示していません。

第 0 章　法令の読み解き方

＼ 教えて！ ／
どうして、「3 step 判定」ができたの？

　　　妊娠中や産休・育休の前後に、解雇されたり、降格されたりというトラブルの相談は、今のように法令が整えられる以前から多く寄せられていたのですが、妊娠・産休・育休が理由でそのような扱いになったのかどうかを判断するのは、いつも難しいものでした。

　　そんな中、巻末で紹介している最高裁判決（広島中央保健生協事件）のちょうど半年後の平成27年1月23日、同判決の考え方を引用した「妊娠・産休・育休と時間的に近接して起こったトラブルは、それらがきっかけで起こったのだろうから、2つの例外にあたらない限りは法違反と解釈せよ」という通達が厚生労働省本省から示されました。これ以降、労働局に寄せられた相談については、通達にそって対応してきました。

　　でもこのルール、あまりにも世の中に知られていないのです。

　　「赤信号は止まれ」というルールを運転者も歩行者も、だれも知らなかったら、毎日、大事故、大渋滞が起こると思います。それと同じように、会社がルールを知らないことで、妊娠・産休・育休に関するトラブルが、たぶん世の中ではたくさん起きていて、でも、従業員もルールを知らなくて、あきらめているのではないか、と思ったのです。

　　これでは、労働局に相談に来る一部の人しか救えないし、いったんトラブルになってしまうと、育休をとって復職できたとしても、会社と従業員の関係をもとに戻すことが、ほんとうに難しいのです。

　　だから、みんなにルールを知っておいてもらわないと！　と解説を試みたのですが、法律、施行規則・指針、通達にいろんなことが書いてあって、とっても複雑で、これでは理解してもらえない、と思いました。「赤信号は止まれ」くらいだれもが理解しやすいルールじゃないと浸透しない……ということで、少しでもわかりやすいように編み出したのが「3 step 判定」です。

　　でも、実際のトラブルは、同じ問題をかかえているようにみえても、ほんとうにケースバイケースです。だから、「これって、おかしくない？」と思ったときには「3 step 判定」を使って立ち止まって考えてもらい、トラブルにならないようにしてもらえたら、とてもうれしいです。

23

第 1 章

入社〜妊娠判明

Episode 1

さくら妊娠！　仕事は…そして夫はどうする?!

　大学を卒業したさくらは、健康食品メーカーN社に就職。N社は都内に本社があり、地方に工場を複数持つ、従業員500人程度の中堅会社。歴史があって安定した業績をあげています。さくらは、「とにかく仕事したい！」とやる気満々で入社したのでした。

　希望していた広報部に配属され、充実の日々を送っていたさくら。入社2年目には自身の提案ではじまったプロジェクトが大成功。さらに学生のころから付き合っていた寅と結婚！

　結婚にあたって、周囲から祝福されたのはもちろんですが、母からはこんな言葉も。

さくら母「さくら、本当におめでとう！　自分の結婚のときよりもうれしいわ！　ところで仕事はどうするつもり？　寿退社なんてしないわよね？　あなた仕事大好きだし」

さくら「は？　寿退社？　なにそれ？」

さくら母「私が20代だったころは、結婚で仕事を…というか、会社をやめることを寿退社っていってたのよ。昔はそれが一般的だったからね〜。おじいさんは山へ柴刈りに、おばあさんは川へ洗濯に…ってやつの昭和版かな？　ま、今は昔で、寿退社なんてもうだれも言わなくなったみたいね。寅くんも家事はできるんでしょ？　分担してがんばってね！」

さくら「もちろん！　子どもができたってず ───っと働くつもりだよ！　今の仕事やりがいあるしね！」

さくら母「……そうね、今は制度がいろいろ整っているみたいで、うらやましいわ…。私はまさに寿退社して、子育てが一段落してから就職先をさがすのがほんっとに大変だったからねぇ。ま、それはそれでよかっ

第1章　入社〜妊娠判明

たんだけどね。今好きな仕事、やりたい仕事ができているなら、ぜひ続けてね！　応援するからね！」
　「ありがとう、お母さん！」と、さくらは無邪気に母の愛をうけとめました。…が、このときは妊娠・出産がどういうことか、まったく想像できていないのでした。

　母が見込んだ通り、寅はさくらが残業で遅くなると一汁三菜の手料理をつくっておいてくれるなど、家事能力はハイレベル。さくらは寅にほれなおし、家庭は円満。さらには仕事でも力を発揮したさくらは、入社３年目には主任に昇進。新たにスポーツジムとの共同プロジェクトが始動し、商品開発やパッケージの試作等に大忙しながらも、充実した日々を送っています。プロジェクトは徐々に大きくなり、新入社員Ａ子が参加。初めてできた後輩に、さくらはうれしくて、ますます張り切ってしまうのでした。

　そんななか、さくらの妊娠が判明します。
<u>さくら</u>「わ！　妊娠しちゃった！　でも、仕事やめずに働いている友だちもたくさんいるし、なんとかなるよね、きっと。授りものだし、この際、仕事も育児も楽しんじゃおう！」
…と、前向きで楽天的なさくら。寅も大いに喜んでくれました。
<u>寅</u>「やったじゃん！　俺も子育て手伝うからさ、さくらは何も心配しなくていいよ！　仕事もムリしないで、辞めてもいいし、働きたかったら続ければいいし。会社に

もなんか仕事休める制度もあるんでしょ？　好きにしていいよ！」

　さくらは「あら？　意外と理解あるじゃん！」と感謝しつつ、「でも、私今の仕事好きだしさ、可能な限りずっと働いてキャリアを積み上げていきたいんだよねー」と、妊娠がわかっても、変わらず楽しそうに仕事を続けていたのでした。

　…ところが！　産婦人科で幸せそうな妊婦さんと出会ったり、超音波の写真を見たりして、赤ちゃんとの生活を夢想しているうちに、さくらの気持ちに変化が訪れました。

　「仕事、続けられるのかな…続けなくてもいいかな…」と、迷いが生じてくるばかりか、「仕事に全力投球」から「育児に全力投球」モードになっていったのです。

　それを知ってうろたえたのは寅です。

寅「ええっ？　仕事はどうするの？　ずっと続けるっていってたじゃん！　俺だけの収入ではギリギリの生活だよ？　子どもが大きくなったとき、塾とかにもいかせられないよ。大学なんて夢のまた夢かもよ」

　なんと、寅のほうでは「寛大な理解」があとかたもなく消えていたのでした。きっとネットでいろいろ情報収集をして、育児にかかる費用がどれくらいか、現実を知ってしまったのでしょう。そうすると、さくら自身の頭の中にも「経済的な不安」がむくむくとわきあがってきました。

さくら「ん───だよね…どうしよう……」

　寅の発言が心に刺さり、あるときは「やっぱ仕事続けよう」、またあるときは「育児をしっかりやりたい」と、心はゆらゆら揺れ動きます。

　本当に仕事を続けられるのか、産休・育休はしっかりとれるのか……何をどうしたらよいのかわからなくなったさくら。

　ふと気がつくと、「仕事か育児か」の前に、そもそも妊娠したら、まず、何をどうすればいいのかすらわかっていない自分がいました。

　そこで「とりあえず情報収集しよう」と、スマホで検索をすることに。「妊娠」×「やること」と、ベタな組み合わせで検索してみると、ク

28

第1章 入社～妊娠判明

リニックやベビー用品のホームページがずらりとヒット。

「妊娠したらいつから何をすればいいの？」

「妊娠したかも？　やるべきことリスト」

「妊娠初期にやっておいた方がいいことは？」

……などなどたくさん出るわ出るわ。

さくら「むむ、いっぱい出てくるけれど、どれを参考にすればいいのやら」

とりあえず、見出しだけ眺めていたら、ふと手が止まりました。

「妻が妊娠したら夫が知ってほしいこと」

「妻が妊娠したら夫がやるべきこと」

「これからパパになる方へ」

……などなど、忘れてはいけないもうひとりの「親」向けのチェックリストも少なくないことに気づいたのです。

さくら「だよね～。妊娠はひとりじゃできないんだし、私だけが頭を悩ませるのもなんかヘン。寅が帰宅したら、これ、一緒に見てみよう！でもまあ、まずは私がどうすればいいのかを知っておかなきゃ」

と、気になった見出しをクリックしていったのですが……

「自治体に妊娠届出書を提出」「母子健康手帳を受け取る」「妊婦健診を受ける」「生活習慣を見直す」など、すでに病院で聞かされたことばかり。

さくら「うーん、私が知りたいのは、仕事との関係なんだよね。残業はどのくらいできるのかとか、妊婦健診はやっぱ年休を使うのかとか…」

と検索を続けたところ、東京労働局の「妊娠・出産・育児のページ」がヒット。欲しかった情報はだいたいゲットできたのですが、さらに詳しく相談したいと、電話してみることに。

さくら「わたし、妊娠したんですっ！　あっ！　わたしさくらと申します」

何から聞いてよいかわからず、とつぜん宣言するさくら。

コキン「それはおめでとうございます、さくらさん。ワタクシ、東京労働局のコキンと申します。さて、本日のご相談はどんなことでしょうか？」

さくら「え――っと、そのですねー、何をどうしたらいいのか、何を質

29

問したいのか、何を相談したいのか、から…よくわからないんです」

コキン「はい、大丈夫です。みんな最初はそうですよね。では最初から説明いたしますと…

⇒１−１妊娠判明！　まず知っておくべきこと

⇒１−３妊娠したら、いつ会社に報告する？

と、このようになっています」

さくら「なるほど、ありがとうございます！　なかなか難しそうですね」

コキン「わからなくなったらまた、労働局のホームページで調べてみてくださいね。さて、法律の話はさておき…」

さくら「え——、国の役所なのに、法律さておいちゃうんですかー」

コキン「ふふふ。さくらさん、さきほど、ずーっとバリバリ仕事をしたいっておっしゃってましたよね。では、これからいろいろ決めていくにあたってのコツを１つだけお教えしましょう。妊婦さんとして働くのは、じつは半年くらいの期間なんです。産休・育休は約１年間ですが、その１年も長い職業人生のほんの一部です。はじめての妊娠で戸惑ってるかもしれませんが、"出産がゴール"というように近いところばかり見ていてはもったいないと思うんです。そうではなくて長い目で見てみる。出産も育休も走り抜けて、ず——っと先の定年くらいまで駆け抜ける気持ちになるといいかもしれませんね。生涯賃金やパパの育休なんかもチェックしてくださいね」

さくら「ありがとうございます！　あとでみておきます！」

　コキンさんの言葉の中で印象に残った１つが「生涯賃金」です。（⇒１−２）

　「生涯賃金ってどれくらいなんだろうなぁ」と、気になったさくらはサクッと検索。すると、妻が「出産後に就労を継続した場合」と、「退職して再就職しない場合」では、生涯可処分所得になんと、約1.7億円の差が出るとの内容の資料※が！

さくら「ひええええ——そんなに差が出るの？　やっぱ働き続けよう！むしろ、子どもがいたら、なおさら働くべきだわね。教育費もかかるだ

第1章　入社～妊娠判明

ろうし。コキンさんも「長い目でみて」っていってたし。よし、細くてもいいから長〜く働くことを目指そう！」
と、「仕事にも育児にも全力投球」モードに改めて、会社に妊娠を報告することにしました。

さくら「んーと、まずだれに報告すればいいんだっけ？　やっぱ人事かな。総務課長か…たしか彼もお子さんいるし、よくわかってくれるかも」
と、期待しながら報告したさくら。

総務課長「おめでとうございます！　よかったですね。うちの会社は育児関係の制度が整っていますからね。自分はこの間まで工場で品質管理をやってたから、まだ慣れないことばかりですが…申請があればきちんと対応するからね！　まあ、ムリしないで何かあったら相談してくださいね」

さすが、2児の父。5歳と1歳を育てる親として、さくらのことも親身になってくれている、ように思えます…。

さくら「あ、ありがとうございます！　それじゃ、さっそくなんですが、私、いつから育休になりますか？　その期間って私の仕事はどうなるんですか？　そもそもお給料はどうなるんでしょうか？」
…と、矢継ぎ早に質問を投げかけるさくら。

総務課長「んん、そうだよね、いろいろわからないよね、実はぼくもよくわからなくて、ちょっと待ってて。調べてメールで連絡しますね」

異動したてで仕方がない面もありますが、やや頼りない様子にさくらは一抹の不安を覚えるのでした。

（第2章46頁につづく）

※女性の職業生活における活躍推進プロジェクトチーム　中間取りまとめ「男女間賃金格差の解消に向けた職場環境の変革」（概要）2024年6月5日より

1-1 妊娠判明！ まず知っておくべきこと

妊娠おめでとうございます！
「妊娠」とネット検索しても、"仕事との関係"について詳しく説明したものって少ないですよね。だからこの本で、徹底的にお伝えしていきます！

最初に、妊娠したらまず知っておいてほしいことからお伝えします。

1 ママになる方へ

まずは、自分のからだと小さな新しい命を大切にするために、2-1「働く妊産婦は、法令で守られている！」と2-4「お役立ち！ ぼけんカード」を読んで無理をしないようにしましょう。

次に、1-3「妊娠したら、いつ会社に報告する？」で基本となる「妊娠週数の数え方」を理解し、巻末の「妊娠・出産・育児」年表で今後の流れをイメージしてみてください。そして、コラム「働く女性の心とからだの応援サイト」（⇒167頁）で紹介している自動計算サイトで自分の産休がいつからなのか調べて、年表に日付を書き込んでおくとよいでしょう。

仕事を続けるのか辞めるのか迷ったときは、1-2「シゴト続ける？ 生涯賃金は？」をみて、各章冒頭のEpisodeを読むと、具体的なイメージがわいてくると思います。

あとは、おいおい、ゆっくりで大丈夫。各ステージで必要な章を読みながら、妊娠・出産・育児をなるべく楽しく乗り切ってください。

2 パパになる方へ

妊娠・出産は女性しかできませんが、育児は男女どちらでもできます。そういわれても、自分のからだに変化がない男性にとっては、

第 1 章　入社〜妊娠判明

「パパになるのはうれしいけれど、まだ具体的なイメージがわかない」というのが本音かもしれません。

各章冒頭の Episode でパパになる疑似体験をしてみてから、1-2「シゴト続ける？　生涯賃金は？」を読んで、「パパ仕事・ママ育児」の分業式がよいのか「共働き・共育て」がよいのかなど、ふたりで考えてみることをおすすめします。

また、第7章「パパも活躍」では、とことんパパ視点で育児関連の制度について解説しているので、ぜひ読んでみてください。

③　会社（事業主）の方へ

まずは、2-1「働く妊婦は、法令で守られている！」と3-11「会社（事業主）がしなければならないこと」で全体像をしっかり把握しておいてください。

そのあと、第0章「法令の読み解き方」を理解した上で、第1章以降を読み進めることで、トラブルなどもさけることができるでしょう。

解決への道しるべ

　　職業人生は、きっとまだまだ続く…
　　そんな中の、たった半年のことなんです

　未来のことは未知で、今の状態がずっと続くように思うかもしれませんが、妊娠が判明してから産休に入るまでは、たったの半年。産休・育休の1年程度の時間も長い人生の中では、ほんのひとときです。
　さらに、もっと視野を広げて、人類が生まれた原始の時代から、女性はおなかの中で生命をはぐくんできたことにも思いをめぐらせてみてください。そんな時間軸上で、明治維新から150年ちょっとたった今、女性が妊娠・出産・育児をしながら職業を自由に選択し、仕事を続けていける法律や制度が整えられています。本書では、そんな法律や制度について解説しています。
　出産後も仕事を続けるのか、出産までの働き方をどうするのか、働く方も会社の方も、大きな視野で考えていただけるとうれしいです。

1-2 シゴト続ける？ 生涯賃金は？

妊娠・出産のタイミングで仕事を続けるか、辞めるかは悩ましいところ。人生いろいろだし、どちらもアリかも！　ただ、決断する前に、長い目でみて「生涯賃金」のことは知っておくといいでしょう。

　生涯賃金とは、ひとりの労働者が生涯にわたって得る賃金の総額です。以下の①〜③のケースで生涯賃金がどうなるか、比較してみます。
① 産休・育休をとらずに働き続けた場合
② 産休・育休をとって働き続けた場合（26歳と30歳で出産）
③ 出産を機に退職した場合（26歳と30歳で出産）

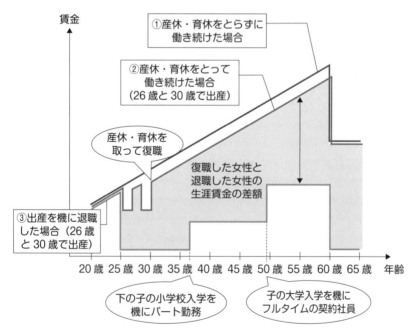

※いずれも、一般的な働き方・賃金カーブをもとに概念化したもので、実際には個々のケースで異なります。

①産休・育休をとらずに働き続けた場合のグラフは、60歳で定年になるまで直線的に賃金が上がっています。

②産休・育休をとって働き続けた場合、産休・育休中の公的給付も広い意味での賃金として計算したグラフです。休業期間分の一時的な収入減とキャリアの差はありますが、その後は①と同様に賃金は上がっています。

③出産を機に退職した場合は、1人目の子を出産した26歳で賃金がゼロになります。いったん退職すると「子どもが1歳になったら仕事を再開するぞ」と思っても、育休中の人より保育園の優先順位が下がり、採用面接にトライしても「お子さんの保育園は？」と言われ、正社員に戻ることが難しくなります。その後、子どもが小学生くらいからパートで働きはじめ、大学入学で一段落したころにフルタイムでバリバリ働きたいと希望しても、正社員での採用は難しく、賃金は低い状態で横ばいになりがちです。

②と③を比べると、復職と退職とでは、左図の網かけの面積分、生涯賃金に大きな差が出てしまいます。

> **解決への道しるべ**

「女の一生」を長い目でみて考えて！

生涯賃金の差異の大きさを初めて知り驚く人も多いのですが、実はその差はお金だけではありません。たとえば、左頁のグラフで55歳時点の②（産休・育休→復職）と③（退職）を比べてみると給料の額に大きな開きがあります。これは、収入がいくらになるかという話だけではありません。給料の額は責任ややりがいともリンクします。

せっかく法律や制度が整って、育児も仕事も諦めなくてもよい時代。パパ・ママになる方々には、一度きりの人生なのですから、長い目でみて、2人でよく考えてほしいと思います。

1-3 妊娠したら、いつ会社に報告する？

妊娠したとき、いつ、どう会社に報告すべきか…思い悩む人は多いでしょう。職種や職場環境によっては早めのほうがよい場合もあり、人それぞれですが、スマートな報告を助ける様式もあります！

1 妊娠週数

インターネット等で情報収集する場合、妊娠○週、妊娠○か月、出産前○日、など単位がいろいろあって混乱することも多いと思います。

妊娠週数は、最終月経日の第1日目を「妊娠0週0日」として数えます。1か月＝4週間として、0～3週（0～27日）で妊娠1か月です。

……と説明されても難しいと思うので、この関係を表にしてみました。巻末の「妊娠・出産・育児」年表でご確認ください。

2 妊娠報告

超音波検査で妊娠の確定診断ができるのが妊娠4～5週（月経が1～2週間遅れた段階）くらいで、安定期に差しかかる妊娠12週目以降に周囲に報告する人が多いようです。「いつ会社に報告するか」は人それぞれですが、母体保護、産休・育休のスムーズな取得の観点からは、早めの報告がおすすめです。

そして、女性従業員は、妊娠報告の際、①現在の妊娠週数、出産予定日、②いつから産休をとるか、③育休取得及び復職の意向、などをまとめて会社に伝えられると、その後の手続きがスムーズになります。

第1章　入社〜妊娠判明

③　妊娠の報告を受けたら会社がやること

（1）妊娠中の対応

　妊娠の報告を受けた会社は、妊娠中の従業員に対して必要な配慮などをします。詳しくは第2章で解説していますが、働く妊産婦はさまざまな法令で守られており、会社として対応すべきことも多くあります。

（2）育休についての説明や意向の確認など

　妊娠の報告を受けた段階で、会社は、従業員に対して育休制度等について説明し、従業員本人の意向をきくことが義務付けられています（育介法21条1項）。さらに、令和7年10月1日からは、従業員が育児をしながらどのように働いていくか、個別に意向をきき、その意向に配慮することも義務付けられます（育介法21条2項・3項）。これらのことは、女性従業員から妊娠の報告があったときだけでなく、男性従業員から「妻が妊娠中で…」と申出があった場合も対応しなければならないことです。（⇒3-11）

　従業員への意向確認などは、面談（オンラインでも可）または書面交付で行うこととされており、従業員が希望した場合はFAXまたは電子メールなどで行うことも可能です（育介則69条の3）。法令上、面談を記録することまでは義務付けられていませんが、その後のトラブル防止のため、面談日時や内容等について記録しておくとよいでしょう。

> ＼ 教えて！ ／
> **会社になんて言えばいい？**
>
> 　いざ、会社に妊娠報告！　でも、具体的になんて言えばいい？　という声は多いです。「私、妊娠しました！　産休も育休もとります！」とハッキリ漏れなく言える人ばかりではないですよね。
> 　そこで、東京労働局ではオリジナルの申出様式を作成してホームページに掲載しています！　そのままダウンロードできますので、報告の際はぜひ活用してください。（**参考資料1**）

37

1-4 妊娠したら解雇って？

【不利益取扱い①】

「妊娠したら辞めてね」。そんな信じがたい話は過去のものになっているはず……ですが、「経営が厳しいので産休・育休はとらずに辞めてと言われた」という話は、令和の現代でもまかり通っている？

1 関係する条文

妊娠を報告したら解雇されたというケースについて参照すべき条文は次のとおりで、妊娠した従業員を解雇することは原則として法違反です。（⇒第0章 7 ）

（1）均等法9条3項及び育介法10条…妊娠・産休・育休等を理由とする解雇・不利益取扱いの禁止

（2）均等法9条4項…妊娠中の女性労働者の解雇無効

2 解雇・不利益取扱い

では、妊娠中の解雇が上記 1 （1）にあたらないケースがあるのか、それはどんなケースなのかについて、考え方のポイントを「3 step 判定（⇒15頁）」にそって説明します。

■ 3 step 判定 ■ …その取扱いは法違反（＝禁止）か？

step 1 判定ボードの準備

「禁止パターン12×12」（10-11頁）から選択し、判定ボード A と B を埋める。

第 1 章　入社〜妊娠判明

▶判定ボード◀

> | A　①妊娠 | を理由とする |
> | B　①解雇 | に該当する場合 |

すなわち、 A と B に因果関係がある場合は法違反です。

step 2　**なかったら判定**
　「 A がなかったら、 B は起きていたか？」と考えてみることにより、因果関係をチェックする。

① 　明らかに因果関係がある

〈例〉「おなかの大きい人には無理な仕事だから辞めて！」と言われた。

　▶妊娠してなかったら、解雇にならなかったはずです。
　　その取扱いは法違反（＝禁止）です！

② 　因果関係がわからない又はないようにみえる

〈例〉「経営が厳しいので産休前までで辞めて！」と言われた。

　▶経営状況を理由としていて、因果関係はないようにみえますが、
　　妊娠を報告してなかったら解雇の話はなかったかもしれません。
　　この例については「step 3 ダメ押しチェック」で考えてみましょう。

step 3　**ダメ押しチェック**
　解釈通達の考え方にそって、法違反の有無について判定する。

▶解釈通達◀

　①　 A と B が時間的に近接していて
　②　２つの例外のどちらにも該当しない場合は、
　　　「 A を理由とする B 」（＝法違反）とみなす。

① 　時間的に近接しているか？

　「妊娠を報告したら解雇された」のですから、 A と B は時

39

間的に近接しています。

② 2つの例外に該当するか？

例外1「特段の事情」がある　　□ 該当する　　□ 該当しない

　「経営が厳しい」といっても、具体的に整理解雇、役員報酬や賃金減額などの予定が何もないような場合は、「妊娠した女性労働者を解雇せざるを得ない特段の事情」とみなされる可能性は低いと考えられます。

　一方、経営会議で工場閉鎖に伴うパート社員全員解雇が決定していたところに解雇対象のパート社員から妊娠の報告があったような場合は、「例外1」に該当する可能性が高くなります。ただし、ほとんどのパート社員が隣町の工場に異動するのに、妊娠中のパート社員だけが異動対象外となり解雇されるような場合は、法令で保護された妊娠中の女性を「解雇せざるを得ない特段の事情」に該当するのか、について検討が必要です。

例外2「真の同意」があった　　□ 該当する　　□ 該当しない

　「経営が厳しい」「会社の状況を理解してほしい」などと言われると、従業員は了承せざるを得なかったり、退職届にサインしたりしてしまうかもしれません。「真の同意」の有無については、このような外形上の同意ではなく、 B による「不利な影響（従業員が失うもの）」と「有利な影響（従業員が得るもの）」を比べ、会社からの十分な説明についても加味したうえで、一般的な他の人でも同意するかどうかについて客観的に判断する必要があります。

　▶例外1、例外2の両方とも「該当しない」に☑がついた場合は法違反（＝禁止）です！

3 妊娠中の従業員の解雇無効

妊娠した従業員の解雇については、均等法9条4項において「妊娠中の女性労働者及び産後1年を経過しない女性労働者に対してなされた解雇は、無効とする」と規定されていることにも留意が必要です（⇒19頁）。

> **解決への道しるべ**
>
> **発想を転換すれば、じつは、カンタン?!**
>
> 妊娠中の解雇については、どんなにわかりやすく説明しても「いろんな法令があり過ぎて難しすぎる！」と言われてしまいます。
>
> でも、いろんな法令ができたのは、妊娠中にこれまで通り働けなかったり、産休・育休で1年くらい休んでいる間に経営状況が変化したり……といろんなことが起こり、妊娠した従業員が「安心して妊娠期を過ごし、産休・育休をとって働き続ける」ということが難しかったからなんです。ということは、「安心して妊娠期を過ごし、産休・育休をとって働き続けられるように」法令が定められた、ということ。ですから、ここで発想を転換して、「妊娠した従業員は解雇しない（安心して働き続けられるようにする）」という方針で事業運営をすれば、これらの法令は、じつは、カンタン！　になるのです。
>
> 会社にとっては、妊娠した従業員が産休に入るまでは半年くらいで、産休・育休に入れば無給でもよく、社会保険料もかかりません。一方、従業員にとっては、解雇になってしまうと、産休・育休がとれない、もらえるはずだった手当金や給付金がもらえない、仕事を失ったら保育園にも入りづらくなる、社会復帰したくても子どもの保育園が決まらない……など職業人生を大きく左右する問題になります。
>
> このため、「会社に言われて退職届にサインしてしまったけれど、やはり納得できない」とトラブルになることが多く、トラブルになってからでは、前頁の「妊娠中の従業員を解雇せざる得ない特段の事情があったのか」「真の同意があったのか」の判断は難しく、法違反と判断される可能性も高くなってしまいます。

参考資料1 妊娠報告書の例（東京労働局）

ママ版

＝人事労務ご担当者様＝

妊娠のご報告

令和＿＿年＿＿月＿＿日

所属部署 【＿＿＿＿＿＿＿＿＿＿＿＿＿＿＿＿】

氏　名 【＿＿＿＿＿＿＿＿＿＿＿＿＿＿＿＿】

この度、妊娠いたしました。

現在、**妊娠＿＿か月**で、**出産予定日は令和＿＿年＿＿月＿＿日**です。

つきましては、**令和＿＿年＿＿月＿＿日～**　産休を、その後育休を取得したいと

考えております。

なお、【　子が1歳になるまで（※1）　・＿＿＿＿＿か月　】　育児休業を取得

し、取得後は、復職して勤務を続けますので、よろしくお願いいたします。

申出書をはじめ、必要な手続き、様式等について、ご連絡をお願いします。

○その他伝達事項

［　　　　　　　　　　　　　　　　　　　　　　　　　　　　　　　　　　］

※1　育児・介護休業法では、原則子が1歳になるまでです。

第1章　入社〜妊娠判明

パパ版

＝人事労務ご担当者様＝

配偶者妊娠のご報告

令和＿＿＿年＿＿＿月＿＿＿日

所属部署【＿＿＿＿＿＿＿＿＿＿＿＿＿＿＿＿＿】

氏　　名【＿＿＿＿＿＿＿＿＿＿＿＿＿＿＿＿＿】

この度、配偶者が妊娠いたしました。

現在、**妊娠＿＿＿か月**で、**出産予定日は令和＿＿＿年＿＿＿月＿＿＿日**です。

つきましては、**令和＿＿＿年＿＿＿月＿＿＿日〜**【 出生時育休（※1）・育休 】を

取得したいと考えております。

なお、【 子が1歳になるまで（※2）　・＿＿＿＿＿＿＿か月 】　育児休業を取得

し、取得後は、復職して勤務を続けますので、よろしくお願いいたします。

申出書をはじめ、必要な手続き、様式等について、ご連絡をお願いします。

○その他伝達事項

※1　　出生時育休は子の出生後8週以内に取得可能です。

※2　　育児・介護休業法では、原則子が1歳になるまでです。

43

第2章

妊娠中のこと

Episode 2

つわりが…通勤が…救いの「ぼけんカード」！

　さて、さくらのおなかは徐々に大きくなっていきます。そのおなかをさわるにつれ、「母になるんだ」という幸せを感じるとともに、同じくらいの不安も。

　そのひとつが"つわり"です。個人差もありますが、つわりの時期は、たびたび遅刻をしたり、休みがちになったりすることもよくあります。プロジェクトを任されているさくらは、体調が安定せずあせる一方。とくに苦痛なのは、毎朝の通勤電車です。世の中にはリモートワークが浸透しつつありますが、朝の電車は依然として超満員。おなかが大きくなってきた身としてはかなりつらく、ようやく出社したときにはヘロヘロになってしまうのでした。

　そんなさくらをみて同僚は気を遣ってくれ、仕事内容も以前より軽めになるよう配慮してくれるのですが、逆にその気遣いや配慮を、さくらは「もしかしたら私、もう会社に必要とされていない？」とネガティブにとらえてしまうことも…。

さくら「復帰するつもりでいるけど、出産したらますます仕事を減らされちゃったりするのかな…確かに前みたいなパフォーマンスをあげられるか自信なくなってきた…それに、いちいち体調のことを周りの人に伝えるのも面倒だし…。いっそ、もう辞めちゃうのもアリかも？（涙）子育てが落ち着いたら再就職すればいいんだしね」

　そんな思いが頭をよぎりつつ、妊婦健診へ（⇒2-2）。産婦人科医はいつもどおりにこやかに対応してくれ、「何か困ったことや不安なことはありますか？」と聞いてくれます。そこですかさず、さくらは「あのぉ…おなかが大きくなってきて、通勤ラッシュがつらいんです」と打ち明

第2章　妊娠中のこと

けました。すると医師はこう提案しました。
医師「では、ぼけんカードを書きましょうか」
さくら「ぼけんカード？　それはなんですか？」
　「ぼけんカード」とは、主治医が妊婦健診の結果、通勤緩和や勤務時間短縮が必要だと判断した場合、必要事項を記載して、女性従業員に渡してくれるものです。それを会社に提出すれば、会社はその記載事項にしたがって適正な措置をしてくれます。正式には「母性健康管理指導事項連絡カード」（参考資料３）といいます。（⇒２-４）

　ぼけんカードを持ち帰り、翌日さっそく総務課長に提出したさくら。
総務課長「ん？　ぼけんカード？　なんだろう？」
　ぼけんカードの存在を知らなかった総務課長は、あわててネットで調べると、労働局のホームページにたどり着きました。そこには様式が掲載されています。
　「おぉーこれか、ぼけんカード。なるほど。ちょっと詳しく知っておいた方がよさそうだな」と感じた総務課長は、労働局に電話をかけてみることに。
総務課長「あのー、会社で総務課長やってる者なんですけど。うちの従業員が、ぼけんカードってものを持ってきたんですけど、これって、そちらに送ればいいですか？」
コキン「はい、こちら困ったときの労働局です。ワタクシ、コキンと申します。さて、そのカード、労働局に送る必要はないのですが…カードには何と書いてありますか？」
総務課長「えーっと…『通勤緩和の措置』に○がついていて、満員電車を避けるように、と書いてあります」

47

コキン「そうですか、では説明させていただきますと…

　⇒２-４ お役立ち！「ぼけんカード」

　⇒２-３ 医師から指導があったら？

ということなんです」

総務課長「なるほど！　いろいろ配慮が必要なんですね。うちにも子どもが２人いるので妊婦さんには慣れているつもりだったんですが、うちの妻は妊娠したときに会社を辞めたので、妊婦さんにどこまで仕事してもらってよいのかだとかがわからなくて…」

コキン「そうなんですね。妊娠の経過も仕事の内容も人それぞれなので、

　⇒２-３ 医師から指導があったら？

　⇒参考資料２　母性健康管理措置に関する就業規則の参考例

となります。

　ところで、難しい法律の話はさておき。総務課長さん、御社の今回妊娠された従業員の方が産休に入るまでって何か月くらいあると思われます？」

総務課長「う――ん、"とつきとおか"というから10か月くらいですかね？」

コキン「たしかに妊娠期間は10か月くらいなんですが、妊娠がわかって報告するのがだいたい妊娠２、３か月（個人差あり）。出産予定日の６週間前から産休が始まるので、それらを10か月から引くと…たった半年なんです。夜勤ができない看護師さんや飛行機の上での仕事ができない方など、いろんな相談が労働局にきますが、その方の長い職業人生の中のたった半年なんです。その半年限定でどうするのがベターか、よく話し合うのが解決の鍵になります」

総務課長「なるほど！　よくわかりました！　自分、総務課長になったばかりで、わからないことだらけなので、大変助かりました！　また電話してもいいですか？」

コキン「もちろん、どうぞ！　ネット情報はいっぱいありますけど、みなさん、自社のこのケースはどうしたらいいのだろう？　というのがわ

第2章　妊娠中のこと

かりづらいみたいです」
総務課長「ありがとうございます。役所に電話するのって、ちょっと勇気が必要だったのですが、またかけます！」
　頼りなげな総務課長でしたが、労働局に相談することで、知識を得て、さくらに対しても、より適切な対応ができるようになったのでした。

　こうしてさくらは通勤緩和の措置として、定時を1時間早めることとなりました。通勤ラッシュを避けられて、休憩時間も柔軟にしてもらえたため、さくらの体力はまもなく回復。
　大好きな仕事に全力投球することで、顧客からの評判も上々！　上司からもほめられ、さらに後輩たちのお手本となる働きぶりに、半期に一度行われる社内アワードで優秀賞を受賞したのでした。

　　　　　　　　　　　　　　　　　（第3章78頁へつづく）

2-1 働く妊産婦は、法令で守られている！

「妊娠は病気ではない」とは言われているものの、からだの中に別の命が芽生えれば、心身が変化するのはあたり前。おなかの中の小さな命を守るための法律・制度について説明します。

1 妊産婦に関する法令の全体像

まずは、いろいろな法令、条文に書いてあることを、次の3つのグループに分類してまとめました。
（1）妊産婦に一律に適用されるもの
（2）医師等からの指示があった場合に会社が講じるもの
（3）妊産婦が希望し請求した場合に適用されるもの

（1）妊産婦に一律に適用されるもの

会社は、妊産婦（妊娠中及び産後1年を経過しない女性）が妊婦健診（妊産婦のための保健指導または健康診査）を受診するために必要な時間を確保できるようにしなければなりません（均等法12条、均等則2条の4）。（⇒2-2）

また、妊産婦には就業することが禁止される業務があります。妊娠、出産、哺育などに有害な業務（重量物を扱う、有害ガスが発生するなどの業務）などです（労基法64条の3、女性則2条・3条）。これらの業務に就いていた場合、その妊産婦からの申出の有無に関わらず、会社は他の業務へ配置転換を行うなど、対応を検討しなければなりません。さらに坑内での業務※についても就業制限があります（労基法64条の2、女性則1条）。

第2章　妊娠中のこと

（2）医師等からの指示があった場合に会社が講じるもの

　妊産婦が医師等（医師または助産師）から指導を受けた場合、会社はその指導事項を守ることができるように、通勤時間の変更や勤務の軽減、休憩時間の延長などの措置を講じなければなりません（均等法13条）。（⇒2-3，2-4）

（3）妊産婦が希望し請求した場合に適用されるもの

　妊産婦から請求があった場合、会社は、時間外労働や休日労働、深夜業（午後10時から午前5時までの就業）をさせることはできません（労基法66条2項・3項）。

　また、妊娠中の従業員から軽易業務への転換希望があった場合、会社はこれに応じなければなりません（労基法65条3項）。

2　不利益取扱いの禁止

　①で説明したとおり、働く妊産婦を守る制度・法律はたくさんあります。それに加え、妊娠に関する事由でお休みをしたこと、仕事内容を変更すること、夜勤をしないこと、ラッシュを避けて時短勤務をすることなどを理由に、退職させたり、降格させたりすることは禁止されています（均等法9条3項）。（⇒2-5，2-6，2-7）

　これらの制度の詳しい内容については、次頁以降で解説していきます。

※かつて、多くの女性が炭鉱などで危険な坑内労働に携わっていた歴史的背景もあり、設けられている条文です。現代も建設業におけるトンネル・地下鉄工事などの際に留意が必要です。

2-2 妊婦健診、休みはとれる？

妊婦に必須の妊婦健診。でも土曜の健診は激混みで長時間座って待つのはつらいもの。主治医によっては受診できる曜日が決まっていることもあります。スムーズな健診のためにできることをお伝えします！

　会社は、妊産婦が妊婦健診を受けるための時間を確保しなければなりません（均等法12条）。

1　妊婦健診の回数

　妊娠中、妊婦診断の受診のために確保しなければならない回数は、以下の表のとおりです（均等則2条の4第1項）。

妊娠週数	～妊娠23週	妊娠24週～35週	妊娠36週～出産
期間	4週間に1回	2週間に1回	1週間に1回

　この場合の「妊娠中」とは、医師等により妊娠が確定された時から出産までとされています。このため、妊娠しているかどうかを診断する初回の通院は対象となりません（均等法解釈通達）。
　また、出産後1年以内（流産・死産含む）の従業員については、医師等が健康診査等を受けることを指示した時は、会社はその指示に従い必要な時間を確保できるようにしなければなりません（均等則2条の4第2項）。
　なお、上記の回数を超えて通院する際、それが従業員自らの判断による場合は会社に時間確保の義務はありません。しかし、医師等による指示によって通院することとなった場合は、母性健康管理措置（⇒2-3）に該当しますので、会社は、妊婦健診の回数が通常より多

第 2 章　妊娠中のこと

い場合でも、通院に必要な時間を確保しなければなりません（均等則
2 条の 4 第 1 項）。

2　妊婦健診の時間など

　妊婦健診に必要な時間については、健康診査の受診時間、保健指導
を直接受けている時間、医療機関等での待ち時間、医療機関等への往
復時間をあわせた時間を考慮し、十分な時間を確保できるようにしな
ければなりません（均等法解釈通達）。

　また、均等法12条は、勤務時間内に妊婦健診を受診するための時間
を確保するという趣旨で設けられているものです。会社が従業員に対
して一方的に、仕事が休みの日に通院するよう求めることや、年次有
給休暇を通院にあてるよう指示することは認められません（母健指針
2 (3)、均等法解釈通達）。

＼教えて！／
妊娠健診とお給料

　　　妊娠した従業員の方がいちばん知りたいのは、妊婦検診
のために休める回数や時間のことよりも、「妊婦検診で休んだときの
お給料はどうなるのか？」かもしれません。じつは、法律には賃金の
ことは何も書いておらず、有給にするか無給にするかは会社が決める
ことになっています。

　女性従業員の方は、「お給料をもらえないなんていやだ」と思うか
もしれませんが、必要な曜日や時間に権利として休めるように法律が
保証しているので、休んでも不利益な評価などをされないことになっ
ています。おなかの中の赤ちゃんのためにも、妊婦健診をちゃんと受
けてほしいと思います。

　また、かならず「通院休暇」という独立した制度として就業規則に
規定しなければならないものではありません。妊婦健診を受けるため
に必要な時間が確保されていればいいのですが、会社の方には、トラ
ブル防止のためにも、賃金の取扱いなどについて就業規則などに定め
ておくことをおすすめします。参考資料 2 に就業規則の例を掲載した
ので参考にしてください。

2-3 医師から指導があったら？

妊娠中はおなかの中で命を育んでいるため、病気ではないものの、体調が悪くなることも。つわりも人により程度の差があるので、体調や状況にあわせてムリしないことが一番！

　妊産婦である従業員が医師等から指導を受けた場合、会社はその指示事項を守ることができるよう、①妊娠中または出産後の症状等に対応する措置、②妊娠中の通勤緩和、③妊娠中の休憩に関する措置　を講じなければなりません（均等法13条、母健指針）。

　これら①～③の措置を母健措置（母性健康管理措置）といいます。順番にみていきましょう。

1　妊娠中または出産後の症状などへの対応

　妊産婦である従業員に対して、母体または胎児の健康保持などについて医師等から指導があった場合、その指示事項を守れるよう、会社には作業の制限や勤務時間の短縮、休業等の対応が求められます。

　会社は、医師等から具体的な指導がない場合や措置内容が不明瞭で詳細を確認したい場合は、従業員を通してまたは従業員の了承を得てから、担当の医師等と連絡をとり、判断を求めるなど、適切な対応が求められます（均等法解釈通達）。

　従業員は、医師等からの指導事項を会社に的確に伝えられるようにするため、「母性健康管理指導事項連絡カード」（通称「ぼけんカード」）（⇒2-4，参考資料3）を利用するとよいでしょう。

第2章　妊娠中のこと

措置内容			具体的な措置内容の例
勤務時間の短縮			始業時刻を遅くする、終業時刻を早くする、休憩時間を長くする等により、勤務時間を1日1～2時間程度短縮する。
作業の制限	身体的負担の大きい作業の制限		
		長時間の立作業	連続して1時間程度以上の立作業を避ける。椅子を配置し、適宜休憩する。他の座作業を組み合わせる。
		同一姿勢を強制される作業	長時間の座作業や車両の運転等、同一姿勢を持続させるような連続作業を控える。このような作業を行う場合も1時間以内とする。適宜休憩や離席を認める。
		腰に負担のかかる作業	重量物を持ち上げる、要介護者を抱える、腰をひねるといった動作、前屈みの姿勢、中腰姿勢での作業を避ける。
		寒い場所での作業	冷凍冷蔵倉庫や冬の屋外作業など防寒着等の工夫によっても避け難い寒冷環境での作業を控える。
		長時間作業場所を離れることのできない作業	トイレ休憩等のため適宜離席することを認める。
		その他	連続的歩行、頻繁に階段の昇降を伴うような作業、腹部の圧迫など不自然な姿勢となるような作業、全身の振動を伴う作業、高所作業や濡れた床面など足場の不安定な場所での作業を避ける。
	ストレス・緊張を多く感じる作業の制限		納期に追われる業務、対人折衝の多い業務、突発対応の多い業務を軽減する。長時間緊張が継続するような運転や機械作業を軽減する。
妊娠中の通勤緩和の措置			・時差通勤を認める。（始業時刻及び終業時刻に各々30分～60分程度の時間差を設ける。労基法32条の3に規定するフレックスタイム制を適用する） ・勤務時間を短縮する。（1日30分～60分程度の時間短縮を行う） ・交通手段・通勤経路を変更する。（心身への負担が少ない交通手段、混雑の少ない交通経路にする） ・在宅勤務を認める。
妊娠中の休憩に関する措置			・休憩時間を延長する。休憩回数を増やす。 ・休憩時間帯を変更する。（補食時間を設けるなど、つわり等の症状にあわせた休憩時間の配慮を行う） ・休憩設備の配慮をする。（横になって休憩できるよう長椅子や畳座等を設置する）

55

2　妊娠中の通勤緩和

　交通機関の混雑は、妊婦にとって、とてもつらいことが多いものです。妊娠中の従業員から通勤緩和の申出があった場合は、会社は、その従業員が混雑する時間帯を避けて通勤できるような対応が求められます（母健指針2(1)、均等法解釈通達）。

　電車、バス等の公共交通機関のほか、自家用車による通勤も通勤緩和を行うべき対象です。

　具体的には、以下のような対応が想定されます。

・時差出勤…始業・終業時刻に各々30～60分程度の時間差を設けることや、フレックスタイム制（労基法32条の3）を適用すること
・勤務時間の短縮…1日30～60分程度、勤務時間を短縮すること
・交通手段・通勤経路の変更…混雑の少ない経路への変更

　通勤時の交通事情は、従業員の居住地や会社の始業時刻などによりさまざまで、人によって異なります。そのため、妊娠中の従業員の健康状態や交通事情に配慮して、個別に対応を検討することが望ましいとされています。

3　妊娠中の休憩

　妊娠中の従業員から休憩についての申出があった場合には、会社はその従業員が適宜休憩したり補食※をとったりできるよう、必要な対応をとらなければなりません（母健指針2(2)、均等法解釈通達）。

　具体的には、以下のような対応が想定されます。

・休憩時間の延長
・休憩回数の増加
・休憩時間帯の変更

56

第 2 章　妊娠中のこと

　ここでいう休憩は、会社に休憩室の設置までを義務付けるものでは
ありませんが、横になれるスペースで休憩がとれるようにすることが
望ましいとされています。このほか、立ち仕事に従事する場合は、そ
ばに椅子を設置したり、休憩スペース確保のため衝立を置くなど、休
憩をとりやすいように工夫することが望ましいとされています（均等
法解釈通達）。

　妊娠中の健康状態には個人差があり、また作業内容も従業員により
さまざまです。そのため、会社には、医師等の指導を確認したり、産
業保健スタッフ等の助言を得たうえで、妊娠中の従業員本人と話し合
うなど、個人の状況に応じた対応をとることが必要とされています。
（母健指針 2(2)、均等法解釈通達）

＼ 教えて！／
妊娠 3 か月で流産した場合は？

　「産後休業」は、労基法の解釈で「妊娠 4 か月以上の出産
（死産・流産含む）が対象」となっているので、妊娠 3 か月で流産し
た場合は対象にはなりません。一方、均等法の「母健措置」は、流
産・死産後 1 年以内であれば妊娠週数を問わず対象となります。妊娠
3 か月で流産し、医師等から休業指示があった際は、会社としてはそ
の指示事項を守ることができるようにするための対応をとらなければ
なりません。
　流産・死産は身体的にも精神的にも配慮が必要な場合があります の
で、会社の方は従業員本人の意向や体調を確認し、必要に応じて医師
等から助言を得つつ対応してください（均等法13条、母健指針）。

※おなかの赤ちゃんを発育させ、また母体を保持するために、妊娠中の女性は、
　妊娠前よりも多くのエネルギー・栄養素の摂取が必要です。そのため、通常の
　食事だけでは必要量を満たせない場合には、不足分を補うために通常の食事以
　外にも食べ物を摂取する必要があります。

57

2-4 お役立ち！ 「ぼけんカード」

「切迫早産なので、お仕事は休んでください」「しばらく立ち仕事はNG」と医師に言われたら、口頭で伝えるのもアリですが、「ぼけんカード」が役に立ちます！

「母性健康管理指導事項連絡カード」（通称「ぼけんカード」）（⇒参考資料3）は、医師等による従業員への指示事項を適切に会社へ伝達するためのツールで、診断書と同等のものと位置づけられます。従業員は、医師等から診断や指導を受けたら、このカードを利用して、会社に申し出ましょう。

会社の方は、「ぼけんカード」の提出があっても、初めてのことだとどう対応すべきかわからないかもしれません。ぼけんカードは、均等法13条に基づき提出されたものになるので、その記載内容に応じた適切な対応をとる必要があります（均等法13条、母健指針3⑴）。（⇒2-3）

1 ぼけんカードの使用方法

従業員が妊婦健診を受け、通勤緩和や勤務時間短縮等の措置が必要であるという指示を受けた場合の流れは以下の通りです（均等法解釈通達）。

① 医師等は、「ぼけんカード」に必要事項を記入して、従業員へ渡します。
② 従業員は、会社にこの「ぼけんカード」を提出し、措置を申し出ます。
③ 会社は、「ぼけんカード」の記入内容にそって、通勤緩和や勤務時間短縮等の措置を講じます。

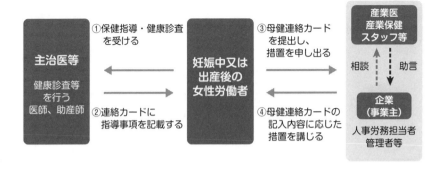

　「ぼけんカード」は、東京労働局のホームページ（妊娠・出産・育児のページ⇒ⅲ頁）からダウンロードすることができます。また、母子健康手帳に様式が記載されている場合もありますので、それをコピーして使うこともできます。従業員の方は、医師等の診察を受ける際に、あらかじめ準備しておくことをおすすめします。

2　母健措置の運用上の留意点

　「ぼけんカード」はあくまでも医師等の指示事項を会社に的確に伝えるためのものです。したがって、「ぼけんカード」の提出がない場合でも、従業員本人からの申出等により指示内容が明らかであれば、会社は必要な対応をしなければなりません（均等法解釈通達）。

　個人の健康状態に関する情報は、その人のプライバシーに属するものです。母健措置の運用にあたっては、プライバシーの保護に十分留意する必要があるとされています（母健指針3(2)）。

2-5 夜勤ができないならパート？
【不利益取扱い②】

病院や介護施設などでは、「夜勤すること」を正社員の要件にしていることが多くあります。でも妊娠中の夜勤は避けたいもの。夜勤を免除してほしい正社員は、どうなるのでしょうか？

　深夜業の制限は、労基法66条3項で定められており、妊産婦が請求した場合、会社は深夜（午後10時から午前5時まで）に就業させることはできません。

　しかし、夜勤人員が必須の業種において、「夜勤は免除するかわりに、正社員からパートに身分変更」という取扱いはどうでしょうか。深夜業免除の請求を理由にパートへ身分変更（労働契約の変更）することは、原則として法違反です。ただし場合によっては法違反とならないこともあり、ケースごとに判断されます。考え方のポイントを「3 step 判定（⇒15頁）」にそって説明します。

■ **3 step 判定** ■ …その取扱いは法違反（＝禁止）か？

step 1　判定ボードの準備
「禁止パターン12×12」（⇒10-11頁）から選択し、判定ボード A と B を埋める。

▶判定ボード◀
　　A ⑦深夜業免除の請求　を理由とする
　　B ④パートへの労働契約変更の強要　に該当する場合、
すなわち、 A と B に因果関係がある場合は法違反です。

第 2 章　妊娠中のこと

step 2 なかったら判定

「　A　がなかったら、　B　は起きていたか？」と考えてみることにより、因果関係をチェックする。

① **明らかに因果関係がある**

〈例〉「夜勤ができないなら、パートになって！」と言われた。

▶深夜業免除を請求してなかったら、パートにならなかったはずです。その取扱いは法違反（＝禁止）です！

② **因果関係がわからない又はないようにみえる**

〈例〉「社内ルールで正社員は夜勤が必須になっているから」と言われた。

▶社内ルールを理由としていて因果関係はないようにみえますが、妊娠したから深夜業免除を希望することになったので、因果関係があるかもしれません。

この例については「step 3 ダメ押しチェック」で考えてみましょう。

step 3 ダメ押しチェック

解釈通達の考え方にそって、法違反の有無について判定する。

▶**解釈通達**◀

① 　A　と　B　が時間的に近接していて

② ２つの例外のどちらにも該当しない場合は、

「　A　を理由とする　B　」（＝法違反）とみなす。

① **時間的に近接しているか？**

「深夜業免除の請求後にパートへの変更を強要された」のですから、　A　と　B　は時間的に近接しています。

61

② 2つの例外に該当するか？

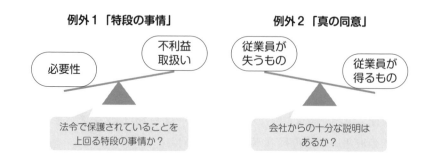

例外1「特段の事情」がある 　□ 該当する　□ 該当しない

　会社によっては、「正社員は夜勤が必須になっている」「『日勤のみ』など希望のシフトで働けるのはパートなどの非正規社員だけ」といった社内ルールがあるかもしれません。

　しかし、社内ルールがあるというだけでは、法令で保証されている深夜業免除を請求した正社員をパートに雇用形態を変更させざるを得ないような「特段の事情」があるとは判断されない可能性が高いと考えられます。

　たとえ一般の従業員に対しては問題ない社内ルールであっても、そのルールを妊娠中の従業員に適用すると均等法9条3項（⇒19頁）という国が決めたルール（法律⇒5頁）に反してしまう場合、妊婦にその社内ルールを適用することは法違反とされてしまうのです。

例外2「真の同意」があった 　□ 該当する　□ 該当しない

　夜勤をしないように医師等から指導されていた場合など、従業員は母体とおなかの赤ちゃんを守るためなら、社内ルールだし仕方ないとパートになることに同意してしまうこともあり得ます。

　「真の同意」の有無は、このような外形上の同意ではなく、　B　による「不利な影響（従業員が失うもの）」と「有利な影響（従業員が得るもの）」を比べ、会社からの十分な説明についても加味したうえで、「一般的な他の人でも同意するかどうか」について客観的に判断する必要があります。

第 2 章　妊娠中のこと

▶例外 1、例外 2 の両方とも「該当しない」に☑がついた場合は法違反（＝禁止）です！

```
解決への道しるべ
```

解決のキーワードは「たった半年」

　「夜勤をすること」が正職員の要件になっている病院や介護施設において、妊娠中の正職員から「夜勤を免除してほしい」と言われて、人事担当者が頭を悩ませるのは「公平性」のようです。人員配置基準や夜勤職員配置加算などをクリアする必要もある中、「だれかだけを特別扱いはできないので、夜勤免除を申し出た妊娠中の従業員もパートに身分変更するしかないのでは…」と悩んでしまうようです。

　解決のキーワードは、「たった半年」。人事管理を行う方には、「妊産婦の深夜業の制限」は法令で定める母体保護のための従業員の権利であること、そして、夜勤ができないのはあくまで妊娠中という一時的なものであることを認識したうえで、解決方法を考えてほしいと思います。夜勤をしない間はその分だけ手当を減額する、日勤のみにする間は給与支払い方法を日給制や時給制とするなどの方法が考えられますが、「正職員としての身分を継続すること」、「夜勤ができるようになったら元の労働条件に戻すことを約束すること」がポイントです。

　安心して働くためなら仕方ないと思ってパートになったものの、いざパートになると賞与やさまざまな手当の支給方法が正社員とは異なることに気がつき、これまでがんばってきた人ほど納得できなくなり労働局に駆け込んでくるという傾向があります。また、無事に出産して産休・育休後にパートで復職した段階で「これ、おかしくない?!」と気づく人も多くいます。たとえば後輩の部下として復職して、責任や裁量の範囲、やりがいの違いを感じてモチベーションを維持できなくなるというものです。

　ベテラン職員をパートにしたままなんて、組織にとってももったいないと思います。

2-6 外回りができないなら降格？
【不利益取扱い③】

おなかの大きい妊婦さんが、「外回りの営業がつらい」と内勤を求めてきたら、配置転換で降格……ってありなのでしょうか？ 対応を間違えないよう注意！

「外回りの営業は難しいので他の内勤業務にかえてほしい」と求めた妊娠中の従業員を<u>降格</u>させることは原則として法違反です。しかし場合によっては法違反とならないこともあり、ケースごとに判断されます。考え方のポイントを「3 step 判定（⇒15頁）」にそって説明します。

■ **3 step 判定** ■ …その取扱いは法違反（＝禁止）か？

step 1 判定ボードの準備

「禁止パターン12×12」（⇒10-11頁）から選択し、判定ボード A と B を埋める。

「<u>降格</u>」とは、企業内での従業員の位置付けについて、上位の職階から下位の職階へ引き下げることをいい、昇進や昇格の反対の対応といえます。「外回りは心配だから内勤にしてほしい」と請求した妊娠中の営業「係長」を内勤事務の「係員」にするのは「降格」に該当します。

▶判定ボード◀
　　A ⑥軽易業務への転換の請求　を理由とする
　　B ⑤降格　に該当する場合、
すなわち、 A と B に<u>因果関係</u>がある場合は法違反です。

第 2 章　妊娠中のこと

> **step 2**　なかったら判定
>
> 「　A　がなかったら、　B　は起きていたか？」と考えてみることにより、因果関係をチェックする。

① **明らかに因果関係がある**

〈例〉「妊娠して外回りができなくて内勤になる場合は、係員に降格ね」と言われた。

▶妊娠して内勤に変更してなかったら、降格していないはずです。その取扱いは法違反（＝禁止）です！

② **因果関係がわからない又はないようにみえる**

〈例〉「内勤係長のポストに空きがないから、内勤に変更するなら係員ね」と言われた。

▶係長ポストの不足を理由としていて因果関係はないようにみえますが、妊娠して内勤に変更していなかったらそのまま係長でいられたかもしれません。この例については「step 3 ダメ押しチェック」で考えてみましょう。

> **step 3**　ダメ押しチェック
>
> 解釈通達の考え方にそって、法違反の有無について判定する。

> **▶解釈通達◀**
> ①　　A　と　B　が時間的に近接していて
> ②　２つの例外のどちらにも該当しない場合は、
> 　　「　A　を理由とする　B　」（＝法違反）とみなす。

① **時間的に近接しているか？**

「外回りができないと申し出たら降格された」のですから、　A　と　B　は時間的に近接しています。

65

② 2つの例外に該当するか？

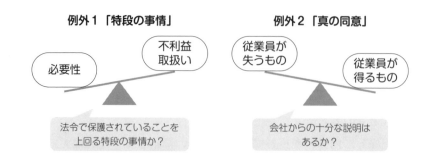

例外1 「特段の事情」がある　　□ 該当する　　□ 該当しない

　軽易業務への転換※は法律が認める従業員としての権利です。妊娠した従業員が転換請求をためらってしまわないように、それを理由に降格などの不利益取扱いをすることも法が禁止しています。このため、今までと同じ仕事ができないことや、人員配置計画・人事制度といった経営判断・社内ルールだけを理由に降格した場合、「降格せざるを得ない特段の事情がある」とは判断されない可能性が高くなります。一方、どうしても転換できる業務がない場合に、無給の自宅待機となることを回避するために妊娠期間に限定したポストや賃金を定め、これについて双方で合意していた場合などは例外1または例外2と判断される可能性も高くなります。

例外2 「真の同意」があった　　□ 該当する　　□ 該当しない

　自分の体調が理由で今までとは違う仕事をすることになり、会社から「外回りができないなら降格ね」などと言われてしまうと、仕方なく同意してしまうこともあり得ます。

　「真の同意」の有無については、このような外形上の同意ではなく、　B　による「不利な影響（従業員が失うもの）」と「有利な影響（従業員が得るもの）」を比べ、会社からの十分な説明についても

※原則として女性が請求した業務に転換させる趣旨であり、新たに軽易な業務を創設して与える義務まで課したものではありません。（通達：昭61・3・20基発151号、婦発69号）

第 2 章　妊娠中のこと

加味したうえで、「一般的な他の人でも同意するかどうか」について客観的に判断する必要があります。

▶例外１、例外２の両方とも「該当しない」に☑がついた場合は<u>法違反（＝禁止）</u>です。

解決への道しるべ

キーワードは
「元に戻す」こと

　妊娠中に外回りや重いものの運搬など、これまでどおりの仕事ができない場合、仕事内容を変えることがあると思います。これは、妊婦さんにとっては無給の自宅待機を避けることになりますし、望ましい対応です。

　そして、仕事内容が変わるのですから、給料などの処遇が変わることもあることでしょう。まわりの従業員にとっても、同じ仕事をしているのに妊婦さんだけ元の高い給料だったら納得できないので、会社として、公平性の観点から処遇を変えることはあると思います。

　でも、「降格」というのは、従業員にとって重いものです。裁判になった場合、妊娠中の従業員の降格は均等法９条３項もかかわってきます（⇒**参考資料６　広島中央保健生活協同組合事件**）。

　ただ、現場でいろんな事案をみていると、妊娠中に降格されたことよりも、育休からの復帰時に降格されたまま元に戻されなかった時点で、「おかしくない?!」とトラブルになっていることが多いように思います。そして、「その降格は、均等法の趣旨に反しない特段の事情があるとは判断できない」ので法違反と判断されたりします。

　仕事がんばるぞ！　と育休から復職したときに後輩の部下になるようでは、本気で仕事している人ほどモチベーションが下がります。それに「どんなにがんばっても２人目を産んだら、また降格かぁ」と思わせてしまうのは、組織にとっても日本にとっても、もったいない話です。

　妊娠中の働き方を変えるときは、たった半年間のことなのだと双方で認識して、その半年間の処遇をどうするかを話し合い、あわせて出産後は元に戻す確約をしておくことで、話合いをスムーズに進められるかもしれません。

2-7 妊娠⇒休職⇒自然退職?
【不利益取扱い④】

切迫流産で休職したら、「休職期間満了による退職」とされてしまった! これってアリ?

たとえば「3か月休職したら自然退職」といったことが就業規則に定められていることがあります。そのような場合、妊娠中に母健措置で3か月休職したら、それを「自然退職」として扱えるのでしょうか?

1 均等法9条3項の観点 (⇒19頁)

まずは、均等法9条3項違反となるかどうかについて、考え方のポイントを「3 step判定(⇒15頁)」にそって説明します。

■ **3 step判定** ■ …その取扱いは法違反(＝禁止)か?

step 1 判定ボードの準備

「禁止パターン12×12」(⇒10-11頁)から選択し、判定ボード A と B を埋める。

法律及び指針で例示されている「不利益取扱い」の中に「自然退職」という記載はありませんが、従業員の意に反して事業主が一方的に雇用関係を終了させる場合、たとえ「自然退職」という言葉を使っていたとしても、実質的には「解雇」または「退職強要」に該当します。

▶判定ボード◀
  A ③母健措置による休職 を理由とする
  B ①解雇・④退職強要 に該当する場合、
すなわち、 A と B に因果関係がある場合は法違反です。

第 2 章　妊娠中のこと

---
step 2　なかったら判定

「　Ａ　がなかったら、　Ｂ　は起きていたか？」と考えてみ
ることにより、因果関係をチェックする。

明らかに因果関係がある

〈例〉「3 か月休職したら自然退職と就業規則で決まっています」と言
　　われた。

　▶就業規則を理由としていますが、母健措置による休職をしなかっ
　　たら、解雇（退職強要）とならなかったはずですので、明らかに
　　因果関係があるといえます。

　就業規則に私傷病などによる休職期間満了による自然退職の定めが
あったとしても法律で保護された「母健措置による休職」について、
他の私傷病と同じように取り扱うことはできません。

　「母健措置で休職したら自然退職」については、「なかったら判定」
で因果関係があることが明らかなので、「step 3 ダメ押しチェック」
は省略します。

② 　均等法 9 条 4 項の観点（⇒19頁）

　妊娠中の従業員の解雇については、均等法 9 条 4 項において、妊娠
中という期間の解雇を無効とするとともに、解雇の理由が妊娠・出産
等でないことの証明責任を会社に負わせることとしていることにも留
意が必要です。過去の裁判例では、会社は単に妊娠・出産等を理由と
する解雇でないことを主張立証するだけでは足りず、妊娠・出産等以
外の客観的合理的な解雇理由があることを主張立証することが必要と
されたものもあります（⇒参考資料 6　社会福祉法人緑友会事件）。

　このように、妊娠中の解雇については、均等法 9 条 3 項、9 条 4 項
により、厳しく制限されているので、自然退職のような社内ルールが
あったとしても他の私傷病と同じようにそのルールを適用して実質的
に解雇することはできません。

69

参考資料2 **母性健康管理措置に関する就業規則の参考例**

　職場における母性健康管理を推進するにあたっては、あらかじめ就業規則等を整備し、実際に医師等の指導事項に基づく措置等を講ずる場合の具体的な取扱いや手続きを明らかにしておくことが重要です。

　以下に、就業規則の参考例を記載しています。就業規則の作成（変更）にあたってはこれを参考にしながら、既存の休暇制度の運用等も含め、事業所の実態を踏まえつつ十分な検討を加えてください。

　また、事業所の規模等に応じて、たとえば次のような取組を行うことも効果的です。

　○　相談窓口等の受付体制を整備し、社員に周知する。

　○　産業医等産業保健スタッフと人事労務管理部門との連携を密にする。

【参考例】

　1　Ａ　社

　　（母性健康管理）

　第○条　妊娠中及び出産後1年以内の女性社員が妊産婦のための保健指導又は健康診査を受診するために必要な時間を確保することを認める。

　　2　前項の通院時間については $\left\{\begin{array}{l}\text{有　給}\\\text{○○%有給}\\\text{無　給}\end{array}\right\}$ とする。

　第○条　女性社員が妊産婦のための健康診査等を受け、医師等から指導を受けた場合は、その指導事項を守ることができるようにするために、勤務時間の短縮、変更、休業及び勤務の軽減等を認める。

　　2　前項の措置のうち、勤務時間の短縮及び休業の措置中の賃金の取扱いは、$\left\{\begin{array}{l}\text{有　給}\\\text{○○%有給}\\\text{無　給}\end{array}\right\}$ とする。

　2　Ｂ　社

　　（妊娠中の通院等）

　第○条　妊娠中及び出産後1年以内の女性社員が健康診査等を受けるために通院する場合、本人の請求により、必要な時間の遅刻、早退、離席を認める。通院のため出社不能の場合は特別休暇の取得を認める。

　　（通勤緩和の措置）

　第○条　妊娠中の女性社員について、通勤時の混雑が母体の負担になる場合は、本人の請求により始業時刻を30分繰下げ、終業時刻を30分繰上げることを認める。

70

第2章　妊娠中のこと

　　　また、本人の請求により合計1日1時間以内を限度として繰下げ又
　は繰上げ時刻の調整を認める。
　　　さらに、医師等による具体的な指導がある場合は、その指導事項が
　守られるよう、始業時刻及び終業時刻の変更を認める。

（休憩の措置）
第○条　妊娠中の女性社員が、勤務中、業務を負担に感じる場合は、本人の
　請求により適宜休憩することを認める。

（妊娠中及び産後の症状等に対応する措置）
第○条　妊娠中及び出産後1年以内の女性社員が、身体に何らかの症状又は
　症状が発生するおそれがあるとして、医師等からの指導を受けた場合
　は、本人の請求により、「母性健康管理指導事項連絡カード」に基づ
　く指導事項を守ることができるよう、業務内容の軽減、勤務時間の短
　縮等を認める。
　　　また、休業が必要な場合は、特別休暇の取得を認める。

（措置中の待遇）
第○条　第○条から第○条までの措置のうち、通院時間、勤務時間の短縮及

　び休業の措置中の賃金の取扱いは、$\left\{ \begin{array}{c} \text{有　給} \\ \text{○○％有給} \\ \text{無　給} \end{array} \right\}$とする。

　　　ただし、第○条の妊娠中及び産後の症状に対応する措置として、○
　日以上の特別休暇を取得する場合は、○日目以降の賃金は、疾病休暇
　と同じ扱いとする。

　3　C　社
　（目　的）
第1条　この規定は、就業規則第○条に基づき、妊娠中及び出産後1年以内
　の女性社員の母性健康管理に関する措置及びその手続等について定め
　ることにより、女性社員の母性を尊重するとともに働く環境の整備に
　資することを目的とする。

（通院に関する措置）
第2条　妊娠中及び出産後1年以内の女性社員から申出があった場合は、原
　則として希望する日時に必要な時間を勤務時間内の通院時間として与
　える。
　2　会社は業務の都合により、勤務時間内の通院時間の変更を行うこと
　がある。この場合、変更後の日時は、原則として本人が希望する日時
　とする。

3 本条第1項の「必要な時間」とは、健康診査の受診時間、保健指導を受けている時間、医療機関等における待ち時間及び医療機関等への往復時間を合わせた時間のことをいう。

（通院時間中の待遇）

第3条　前条の通院時間については $\left\{\begin{array}{l}\text{有　給}\\ \text{○○％有給}\\ \text{無　給}\end{array}\right\}$ とする。

（回数等）

第4条　正常な経過の妊娠において、女性社員が勤務時間内に通院のために申し出ることができる回数は次のとおりとする。

（1）妊娠23週まで　　　　　　4週間に1回
（2）妊娠24週から35週まで　　2週間に1回
（3）妊娠36週から分娩まで　　1週間に1回

2　前項の「1回」とは、健康診査と保健指導を合わせたものとする。医療機関等の指示により別の日に実施される場合にも合わせて1回とする。

3　妊娠しているかどうかを診断する初回の通院は含まれないものとする。

4　産後（出産後1年以内）において、医師等が健康診査等を受けることを指示したときは、その指示を踏まえて、通院時間を付与するものとする。

（申出の手続き）

第5条　勤務時間内に通院時間を申し出る際には、通院の月日、必要な時間、医療機関等の名称及び所在地、妊娠週数などを記入して、勤務時間内の通院時間申出書により○○に申し出ることとする。

2　会社は妊娠週数又は出産予定日を確認する必要がある場合には、診断書や「母性健康管理指導事項連絡カード」の提出を求めることがある。

（申出の時期）

第6条　勤務時間内の通院の申出は、原則として事前に行わなければならない。

（申出の変更・撤回）

第7条　勤務時間内の通院時間申出書に記載された通院予定日時は、再度申し出ることにより変更することができる。

2　勤務時間内の通院時間の申出は、通院予定日の $\left\{\begin{array}{l}\text{当日}\\ \text{○○日前}\end{array}\right\}$ までに申し出ることにより撤回することができる。

第2章　妊娠中のこと

（時差通勤、休憩等に関する措置）

第8条　妊娠中の女性社員が健康診査等において医師等から指導を受けた場合、会社は本人の申出により、当該指導に基づき、勤務時間の変更、休憩時間の延長、休憩回数の増加等の措置を次のとおり行う。

　　　　ただし、時間、回数について医師等による具体的な指導がある場合は、この限りではない。

　　（1）時差通勤

　　　　勤務時間の始業又は終業において、原則として1日を通じ○時間以内で必要とされる時間の時差出退勤を認める。

　　（2）休憩の措置

　　　　本人と所属長とで個々に相談、調整の上、必要な措置を行う。なお、休憩時間の延長は原則○時間以内で必要とされる時間とし、また休憩回数の増加については、原則として○回までで、それぞれ○○分以内とする。

　　（3）上記に準じる措置

　　　　医師等による具体的な指導がない場合でも、本人の申出があった場合には、（1）及び（2）の措置若しくはそれに準じた措置を行うものとする。

（妊娠中又は出産後の症状等に関する措置）

第9条　妊娠中及び出産後の経過に異常又はそのおそれのある場合で、医師等からその症状等について指導を受けた旨、妊娠中又は出産後の女性社員から申出があった場合には、医師等の指導に基づき、当該女性社員がその指導を守ることができるよう、作業の制限、勤務時間の短縮、休業等の措置を行う。

（申出の手続）

第10条　第8条及び第9条の措置については、所定の事項を記入した「母性健康管理指導事項連絡カード」により、あらかじめ○○に申し出ることとする。

　　2　会社は、医師等の指導の内容等を確認する必要がある場合には、本人に了解を得た上で担当の医師等と連絡をとり、その意見を聞く場合がある。

（勤務時間の短縮等の措置中の待遇）

第11条　第9条の措置のうち、勤務時間の短縮及び休業の措置中の賃金の取扱いは、$\left\{ \begin{array}{l} 有　給 \\ ○○％有給 \\ 無　給 \end{array} \right\}$とする。

73

参考資料 3　母性健康管理指導事項連絡カード

母性健康管理指導事項連絡カード

年　月　日

事業主 殿

医療機関等名 _____

医師等氏名 _____

下記の1の者は、健康診査及び保健指導の結果、下記2～4の措置を講ずることが必要であると認めます。

記

1. 氏名 等

氏名		妊娠週数		週	分娩予定日	年　月　日

2. 指導事項

症状等(該当する症状等を○で囲んでください。)

措置が必要となる症状等
つわり、妊娠悪阻、貧血、めまい・立ちくらみ、腹部緊満感、子宮収縮、腹痛、性器出血、腰痛、痔、静脈瘤、浮腫、手や手首の痛み、頻尿、排尿時痛、残尿感、全身倦怠感、動悸、頭痛、血圧の上昇、蛋白尿、妊娠糖尿病、赤ちゃん(胎児)が週数に比べ小さい、多胎妊娠(　　胎)、産後体調が悪い、妊娠中・産後の不安・不眠・落ち着かないなど、合併症等(　　　　　　　　　)

指導事項(該当する指導事項欄に○を付けてください。)

	標準措置	指導事項
休業	入院加療	
	自宅療養	
勤務時間の短縮		
作業の制限	身体的負担の大きい作業(注)	
	長時間の立作業	
	同一姿勢を強制される作業	
	腰に負担のかかる作業	
	寒い場所での作業	
	長時間作業場を離れることのできない作業	
	ストレス・緊張を多く感じる作業	

(注)「身体的負担の大きい作業」のうち、特定の作業について制限の必要がある場合には、指導事項欄に○を付けた上で、具体的な作業を○で囲んでください。

標準措置に関する具体的内容、標準措置以外の必要な措置等の特記事項

3. 上記2の措置が必要な期間
(当面の予定期間に○を付けてください。)

1週間(	月　日～	月　日)	
2週間(	月　日～	月　日)	
4週間(	月　日～	月　日)	
その他(	月　日～	月　日)	

4. その他の指導事項
(措置が必要である場合は○を付けてください。)

妊娠中の通勤緩和の措置(在宅勤務を含む。)	
妊娠中の休憩に関する措置	

指導事項を守るための措置申請書

年　月　日

上記のとおり、医師等の指導事項に基づく措置を申請します。

所属 _____

氏名 _____

事業主 殿

この様式の「母性健康管理指導事項連絡カード」の欄には医師等が、また、「指導事項を守るための措置申請書」の欄には女性労働者が記入してください。

第 2 章　妊娠中のこと

（参考）症状等に対して考えられる措置の例

症状名等	措置の例
つわり、妊娠悪阻	休業（入院加療）、勤務時間の短縮、身体的負担の大きい作業（長時間作業場を離れることのできない作業）の制限、においがきつい・換気が悪い・高温多湿などのつわり症状を増悪させる環境における作業の制限、通勤緩和、休憩の配慮　など
貧血、めまい・立ちくらみ	勤務時間の短縮、身体的負担の大きい作業（高所や不安定な足場での作業）の制限、ストレス・緊張を多く感じる作業の制限、通勤緩和、休憩の配慮　など
腹部緊満感、子宮収縮	休業（入院加療・自宅療養）、勤務時間の短縮、身体的負担の大きい作業（長時間の立作業、同一姿勢を強制される作業、長時間作業場所を離れることのできない作業）の制限、通勤緩和、休憩の配慮　など
腹痛	休業（入院加療）、疾患名に応じた主治医等からの具体的な措置　など
性器出血	休業（入院加療）、疾患名に応じた主治医等からの具体的な措置　など
腰痛	休業（自宅療養）、身体的に負担の大きい作業（長時間の立作業、同一姿勢を強制される作業、腰に負担のかかる作業）の制限　など
痔	身体的負担の大きい作業（長時間の立作業、同一姿勢を強制される作業）の制限、休憩の配慮　など
静脈瘤	勤務時間の短縮、身体的負担の大きい作業（長時間の立作業、同一姿勢を強制される作業）の制限、休憩の配慮　など
浮腫	勤務時間の短縮、身体的負担の大きい作業（長時間の立作業、同一姿勢を強制される作業）の制限、休憩の配慮　など
手や手首の痛み	身体的負担の大きい作業（同一姿勢を強制される作業）の制限、休憩の配慮　など
頻尿、排尿時痛、残尿感	休業（入院加療・自宅療養）、身体的負担の大きい作業（寒い場所での作業、長時間作業場を離れることのできない作業）の制限、休憩の配慮　など
全身倦怠感	休業（入院加療・自宅療養）、勤務時間の短縮、身体的負担の大きい作業の制限、休憩の配慮、疾患名に応じた主治医等からの具体的な措置　など
動悸	休業（入院加療・自宅療養）、身体的負担の大きい作業の制限、疾患名に応じた主治医等からの具体的な措置　など
頭痛	休業（入院加療・自宅療養）、身体的負担の大きい作業の制限、疾患名に応じた主治医等からの具体的な措置　など
血圧の上昇	休業（入院加療・自宅療養）、勤務時間の短縮、身体的負担の大きい作業の制限、ストレス・緊張を多く感じる作業の制限、疾患名に応じた主治医等からの具体的な措置　など
蛋白尿	休業（入院加療・自宅療養）、勤務時間の短縮、身体的負担の大きい作業の制限、ストレス・緊張を多く感じる作業の制限　など
妊娠糖尿病	休業（入院加療・自宅療養）、疾患名に応じた主治医等からの具体的な措置（インスリン治療中等への配慮）　など
赤ちゃん（胎児）が週数に比べ小さい	休業（入院加療・自宅療養）、勤務時間の短縮、身体的負担の大きい作業の制限、ストレス・緊張を多く感じる作業の制限、通勤緩和、休憩の配慮　など
多胎妊娠 （　　　胎）	休業（入院加療・自宅療養）、勤務時間の短縮、身体的負担の大きい作業の制限、ストレス・緊張を多く感じる作業の制限、通勤緩和、休憩の配慮　など
産後体調が悪い	休業（自宅療養）、勤務時間の短縮、身体的負担の大きい作業の制限、ストレス・緊張を多く感じる作業の制限、通勤緩和、休憩の配慮　など
妊娠中・産後の不安・不眠・落ち着かないなど	休業（入院加療・自宅療養）、勤務時間の短縮、ストレス・緊張を多く感じる作業の制限、通勤緩和、休憩の配慮　など
合併症等 （自由記載）	疾患名に応じた主治医等からの具体的な措置、もしくは上記の症状名等から参照できる措置　など

第3章

産休・育休をとる

Episode 3

子育てもキャリアも、不安だらけ！

　安定期も終盤に入り、妊婦生活にも慣れてきて、仕事とのバランスもとれるようになってきたさくら。だんだん大きくなっていくおなかとともに、「そろそろ産休・育休のことも考えなきゃなぁ」と思うようになりました。

　その一方で、産婦人科で紹介してもらった両親学級に寅と参加することに。育児について学んだり、赤ちゃんのお世話を疑似体験したりと、楽しく新鮮なひとときを送りました。

　同じころに出産予定の妊婦友だち（妊友）もできて、「こんな世界があったんだ〜」と感慨深く妊婦生活を楽しみます。そんなあるとき「育休」ネタで盛り上がりました。

妊友1「私、育休なんてないよ。だってパートだもーん」（⇒3-6）

妊友2「えー違うんじゃないの？　私、派遣だけど育休とれるよ。派遣会社によって違うみたいだけど。確か、パートでも条件があえばとれるって聞いたけど」（⇒3-7）

妊友3「私の勤務先はちっちゃな会社だから、社長に『うちでは産休はともかく育休なんてムリ』って言われちゃった……」（⇒3-4，3-8）

妊友4「私は正社員だけど上司に妊娠したって伝えたら、なんとなーく退職を促されちゃって、育休どころか産休もとれないかもしれない」（⇒3-2，3-8）

妊友5「それはひどいね。私も正社員だけど、出産したら大変だろうからって、パートタイムにしてくれるって言われてラッキーと思ってるんだ！」（⇒5-4）

妊友6「ええ？　それってラッキーなの？」

78

第3章　産休・育休をとる

妊友5「仕事ラクになるじゃん！　子どもが大きくなったらまた正社員に戻してもらえばいいんだしね」
妊友7「私のいる会社は、育休とっても代わりの人が配置されないのよ。だから残りの人に仕事の負担がのしかかっちゃう…。育休制度はあるけど、とるのに気がひけちゃって、どうしようかと……」（⇒3-12）
さくら「えええ…そうなんだ…なんか、いろいろなのね…当然、産休も育休もとるつもりだったけど……ウチの会社どうなっているか調べなきゃ！　いつ、どんな手続きすればいいんだろ？」（⇒3-10）

　さくらは、すぐに総務課長に問い合わせました。
さくら「産休のあとそのまま育休をとるつもりなんですけど、いつまでにどんな書類を準備したらいいですか？」

79

総務課長「え～っと。ちょっと待ってね…」
と、これまたはじめてのことでまったくわかっていない総務課長。困ったときのなんとやらとばかりに、またもや労働局に相談してみました。
総務課長「すみません。やっぱり、また電話しちゃいました。前回相談した従業員が…あの―、さくらっていう元気な女性なんですけど、いよいよ産休・育休に入るんです。いろいろ調べてるんですけど、産休と育休だと提出先が違ったり、いつ手続きするものなのかわからなかったり、なにか抜けちゃいそうで自信がないんです」
コキン「そうですよね。役所って縦割りですもんね。って、うちも役所ですけど…その場合は…

　　⇒ 3-1 産休・育休　基本の「き」
　　⇒ 3-10 産休・育休の手続き

となりますね。また、手続きの時期や一連の流れについて「妊娠・出産・育児」年表（巻末資料）を作っていますので参考にしてくださいね」
総務課長「おお！　ありがたいです！」

第 3 章　産休・育休をとる

コキン「よかった！　ところで、難しい法律や制度の話はさておき、産休・育休って従業員のためという視点で語られがちですけど、御社にとって何だと思います？」

総務課長「うーん…よい学生を確保するための福利厚生？」

コキン「お！　課長さん、いろいろ勉強されたんですね！　でもですね、将来入ってくる新入社員もですが、今いる大事な従業員さんが、"退職するのではなく育児が必要な期間をお休みして戻ってくるための制度"でもあるんです。人材の確保というと固いですが、さくらさんが辞めちゃったら、御社にとっても痛手ですよね。優秀な人が去ってしまうのは、本人にとっても会社にとっても、とてももったいないことですよ」

総務課長「そうですね。弊社の大ヒット商品も、もともとはさくらさんの発案だし…。さくらさんなしでは今のプロジェクトも早々に失敗していただろうな〜」

コキン「ですよね！　そのさくらさんが休みに入られるのですが、さくらさんの仕事はどうするか決まってます？」

総務課長「うっ！　手続きで頭がいっぱいで…」

コキン「育休は仕事を続けてもらうためのものなので、さくらさんが戻ってくる場所もちゃんと確保しつつ、さくらさんがお休みの間の仕事をどうするかも考えることが大切です」

総務課長「そうか、1 人採用しようかと思ってたけど、それだとさくらさんが帰ってきたら人件費が二重になっちゃいますね。あぶないあぶない」

コキン「そうなんです！　産休・育休に入る方がやっていた仕事の分担方法はいろいろありますが、どのように分担するか、例を挙げると

　　⇒ 3 −12 代替要員の話　これ、大事です！

となります」

総務課長「なるほど、なるほど。またまた勉強になりました！」

81

労働局からの説明を受け、産休・育休の手続きのプロとなった総務課長は、さくらに手続きについて伝授しました。そして、さくらの後任については、ジョブチャレンジの一環として後輩Ａ子を置き、後輩Ａ子がいたポストには、さくらの育休期間中、派遣社員を雇うことになりました。日ごろから、さくらや後輩の仕事ぶりをよくみていた上司が、適材適所でさくらの職場復帰も考えた人員配置をバッチリ考えてくれたのでした。

　さくらは後輩に業務の引継ぎを行い、ついに「産前休業」に入りました。

　その産前休業に入る少し前、さくら母が訪ねてきました。
さくら母「出産準備進んでる？」
さくら「順調だよ〜。そういえば、お母さん仕事最近どう？　出産後、ヘルプに来てくれたりしない？」
さくら母「じつは先日、昇格したところで、私もなかなか休めないのよ〜。最近はパパも育休あるんでしょ？　寅くんにとってもらえば？　彼も“親”なんだしね」
さくら「そうかあ。だよね、彼だって同じ親なんだから。よしっ、寅に伝えてみる！」

　その晩、さくらは寅に「産後ちょっとは休んでよね〜ってか、休めるんでしょ？」と聞いてみました。
寅「うん、俺もちょっと考えていたところ。この間、パパの育休についての案内も会社から来てたしね。調整してみるわ！」

…ところがその後、数日たっても寅は何も言ってきません。
さくら「寅、調子いい返事してたけど、いまいち信用できないんだよねー。育休の件、ちゃんと会社に言ってくれたのかなあ」
　さくらはしばらく不安な日々を過ごすことになりました。

82

第3章　産休・育休をとる

　と、ある日、寅が帰宅するなり…
寅「ただいま——っ！　パンパカパーン♬　わたくし寅は本日、育休をゲットしましたー！　3週間休みまーす！」
さくら「あ、ありがとー…」
　と、感謝しつつも、心の中では「やっぱりまだ言ってなかったんだー。そんなに威張ることかい？　ふたりの子なのに…」
と、もやもやしてしまうさくらでした。
　片や寅は「…ン？　もっとほめてくれてもいいじゃん。俺だって会社に言うの、けっこうドキドキしたんだぜ」と、やはり心の中で毒づくのでした。
　2人はこのまま、ギクシャクしてしまうのでしょうか…。

　　　　　　　　　　　　　　　　（第4章126頁へつづく）

3-1 産休・育休　基本の「き」

第3章では、女性の産休と育休の話をします。詳しい話をする前に、産休と育休の違いなど、基本的なことをザックリと説明しておきます。

1 産休と育休の違い

産休と育休の制度の概要は、以下の表のとおりです。詳細やその他条件は、産休⇒3-2、育休⇒3-3をご確認ください。

	産休（産前産後休業）	育休（育児休業）
対象者	妊娠した女性労働者	原則として1歳までの子を養育する男女労働者
期間	・産前休業：産前6週間（双子以上の場合は14週間） ・産後休業：産後8週間 出産日は産前休業に含まれます （通達：昭25・3・31基収4057号）	原則として子が1歳に達するまでの連続した期間で、子1人につき2回

（例）8/1に予定日どおり生まれた場合

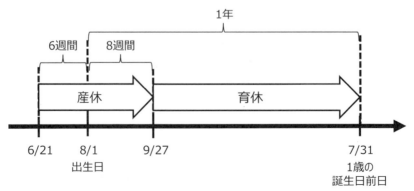

第3章　産休・育休をとる

② 就業規則に書かれてなくても大丈夫！

　産休・育休の取得は法律で定められた権利なので、「うちの会社にはない」というものではありません。

　<u>産休</u>は、勤続年数や雇用形態にかかわらず、妊娠した従業員であればだれでも取得できます（労基法第65条１項・２項）。（⇒3-2）

　<u>育休</u>は、いくつか要件がありますが、ほとんどの男女従業員が取得できます。また、要件を満たしている従業員から「取得したい」との申出があれば、会社は拒むことできません（育介法５条〜10条）。（⇒3-4，3-5，3-6，3-7）

③ お金のこと

　産休・育休をとろうとするとき、休業期間中の収入減が不安な方もいるかもしれませんが、<u>出産手当金</u>や<u>育児休業給付金</u>といった公的支援があります。また、社会保険料は手続きをすることで免除されるので、休業前の賃金と<u>ほとんど変わらない収入</u>を得ることができます。（⇒3-9）

④ 不利益取扱いの禁止

　さらに、「産休・育休はとれたけど…復職できなかった」などということがないように、産休・育休の申出や取得を理由に、<u>解雇</u>や<u>減給</u>、<u>降格</u>などの<u>不利益取扱い</u>（妊娠・産休・育休等をしなかった場合と比較して、処遇を低下させるような取扱い）を行うことは法律で<u>禁止</u>されています※。（⇒3-8）

　次節以降で、詳しい制度の内容や取得要件、国からの手当金・給付金等について解説していきます。

※第０章⑥も参考にしてください。均等法９条３項、均等則２条の２、性差別指針第４の３(1)、均等法解釈通達、育介法10条、育介則22条の２、育介指針第２の11、育介法解釈通達。

85

3-2 産休のこと

予定日にあわせて産前産後の休みをとるはずだったのに、予定日通りに生まれなかったら産休はどうなる？ 取得できる産休期間について詳しく説明していきます。

1 すべての女性従業員が対象

いわゆる「産休」には、「産前休業」と「産後休業」があり、母体保護のため、パート・アルバイトなどの雇用形態を問わず、また勤続年数にかかわらず、すべての女性従業員がとれる休業制度です（労基法65条）。

2 産前休業

産前休業は、女性従業員が請求すれば、出産予定日の6週間前（双子以上の場合は14週間前）から取得できます（労基法65条1項）。

3 産後休業

一方で、産後休業については、請求の有無にかかわらず、出産日の翌日から8週間は、会社は女性従業員を就労させてはならないと定められており、たとえ女性従業員自らが働くことを希望したとしても、その間は就労できません。ただし、出産後6週間以降であれば、本人が請求し、医師も支障がないと判断した業務については就労させることが可能です（労基法65条2項）。

4 遅く生まれた場合・早く生まれた場合

（例）8/1の出産予定日から遅れたとき・早まったとき

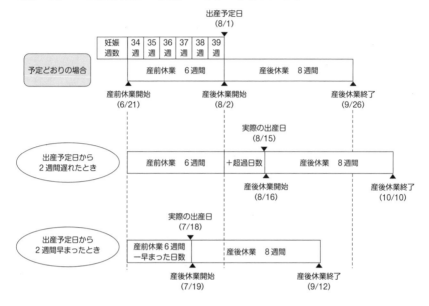

　出産予定日から遅れて出産した場合、当初の予定日から実際の出産日までの期間は産前休業に含まれます。このように産前休業が6週間より延びたとしても、産後8週間は産後休業として確保されます。

　逆に、出産予定日より早く生まれた場合は、産前休業は6週間より短くなります。この時も、産後休業は産後8週間です。

> **教えて！計画出産の場合**
>
> 　計画出産（分娩誘発剤を使用し、分娩日を事前に決めておくこと）の場合でも、自然分娩予定日を基準に産前休業開始日を計算します。これは、産前休業は出産準備のための休業ではなく、自然分娩予定日の6週間前（妊娠34週）の胎児の大きさになると、母体への負担が大きくなるので休めるようにという考え方によります。

3-3 育休のこと（全体像）

「育児休業」「産後パパ育休」「パパ・ママ育休プラス」…育休にはさまざまな種類があり、しかも手続きも複雑です。まずはママの育休について、全体像をざっくり説明します。

いわゆる「育休」には、元祖「育児休業」と令和4年10月1日にスタートした「産後パパ育休」の2つがあります。第3章では、元祖「育児休業」を解説します。「産後パパ育休」は第7章をご覧ください。

1 だれがとる？

だれが育休をとれるのかは、次節3-4で詳しく解説します。

2 いつからいつまで？

原則として、出産した女性は産後休業終了日の翌日（出生日から起算して57日目）から子の1歳誕生日の前日までの期間でとれます（育介法5条1項）。

（1）1歳2か月までの延長

この原則の期間を延長できるのが「パパ・ママ育休プラス」という制度で、両親ともに育休をとり、要件を満たした場合は、1歳2か月まで（通算365日間が上限）期間を延長することができます（育介法9条の6）。（⇒7-8）

（2）1歳6か月・2歳までの延長

その他に、認可保育園に入れない等の要件を満たした場合に限り、原則1歳までの育休を1歳6か月まで延長できることがあります（育介法5条3項）。同じように、1歳6か月までの育休を2歳まで延長できることがあります（育介法5条4項）。（⇒4-4）

第3章　産休・育休をとる

③ 何回とれる？

2回まで分割してとることができます（育介法5条2項）。たとえば、産休・育休をとって、仕事の繁忙期のみ一時復職し、落ち着いたら再度育休に戻る、というとり方も可能です。この場合、問題となるのは、ママが一時的に職場復帰している間の赤ちゃん担当です。第7章などを参考に、パパとの役割分担を話し合ってみてください。

④ 申出の方法

申出の方法については、書面での申出が必要であること、期限があることなどの決まりがあります。詳しくは、3-10をご覧ください。

⑤ 期間の変更

育休の延長・短縮については、要件や手続きなどが複雑です。4-4で詳しく説明していますのでご覧ください。

教えて！いろんな育休

育休にはさまざまな愛称のものがあります！
○「パパ・ママ育休プラス」は、その名のとおり、パパもママも育休をとったら、子どもが1歳2か月になるまで育休できる期間がプラスされる制度です。（⇒7-8）
○「産後パパ育休」は、令和4年10月1日に誕生したママの産休期間にパパがとれるスペシャルな育休です。正式名称は「出生時育児休業」といいます。（⇒7-3，7-4）
○「パパ休暇」は、いまでも問合せが多いのですが、これは、「産後パパ育休」誕生と分割取得ができるようになったことで役目を終了し、なくなった制度です。
○「パパ育休」という呼び名はパパの育休の総称として使われることがありますが、法律上の名称ではありません。

3-4 育休をとれる人・とれない人

結局自分はとれるのか・とれないのか、どっちだろう？ 週に何日、1日何時間働いていたらとれるのだろう？ など、具体的に解説します。

1 育休の対象者の決め方

育休の対象者については、「法律で一律に決まっていること」と「会社ごとに決めること」があります（育介法2条・5条・6条）。

これは、育休は1年間など長い期間の休みとなることもあり、残った従業員の負担や雇用管理上の問題もあることから、「入社してすぐの育休を認めるかどうか」などについては、法律で一律に決めるのではなく、会社ごとに、経営側と従業員で話し合って決めてくださいという考え方によるものです。

2 4つの要件

会社ごとに決めることになっているのは右頁の要件②〜④で、これらの人を対象外にする場合は、労使協定の締結が必要です（育介法6条1項・2項）。

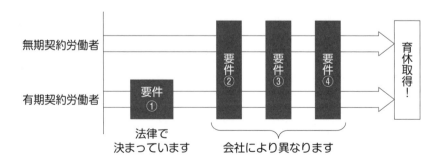

第3章　産休・育休をとる

【法律で一律に決まっていること】

（1）育休がとれるのは、1歳未満の子を養育する男女「労働者」（育介法5条）

労働者とは…「事業又は事務所に使用される者で、賃金を支払われる者」（労基法9条）と定義されているので、自営業の方などは法律上の育休対象とはなりません。また、「日々雇用される者」は対象外となります（育介法2条1号、育介法解釈通達）。

（2）有期契約労働者には固有の要件がある（育介法5条1項）

要件①　有期要件

　子が1歳6か月に達する日までに雇用関係が終了することが明らかでないこと

有期契約労働者とは…事業主と、半年や1年などの期間を定めた労働契約を締結している労働者のことをいいます。

【会社ごとに決めること】

（3）労使協定で定めた場合、要件②〜④を設けることができる（育介法6条1項、育介則8条）

要件②　1年以上要件

　育休を申し出る時点で、入社1年以上である（同じ会社に引き続き1年以上雇用されている）こと

要件③　週2日超要件

　1週間の所定労働日数[1]が2日以下でないこと[2]

要件④　1年以内終了要件

　育児休業申出の日から、1年以内に雇用契約が終了することが明らかでないこと

※1　所定労働日数とは、就業規則や雇用契約であらかじめ定められている労働日数（働く日数）のことをいいます。

※2　1日の労働時間についての要件はありません。他の要件を満たすのであれば、たとえば1日4時間勤務であったとしても育休はとれます。

91

3　育休とれるか・とれないかをチェック

　とにかく、自分が育休をとれるのか・とれないのかが知りたい！という人は、下の表でチェックしてみてください。

　全て右側に○がついた場合は、育休をとることができます。

〈育休とれるか？チェック表〉

要件			満たさない	満たす
労働者か			労働者でない	労働者である
有期契約労働者の場合		子が1歳6か月に達するまでに契約期間が満了することが明らか	明らかである（契約上限など）	明らかでない
労使協定で育休をとらせないと決まっている場合		入社1年以上か※育児休業を申し出る時点	1年未満	1年以上
		週の所定労働日数※1日の労働時間の長さは関係ありません	2日以下	3日以上※2日を超えること
		1年以内に雇用契約が終了することが明らか※育児休業申出の日から1年以内	明らかである	明らかでない

4　判断に迷う場合

　育休がとれるのかとれないのか、特に判断に迷うことが多い以下の3パターンについては、それぞれの項目をご参照ください。

・入社してすぐの産休・育休について⇒3-5

・パート・アルバイトの育休について⇒3-6

・派遣労働者の育休について⇒3-7

第3章　産休・育休をとる

5　労使協定のモデル例

　労使協定とは、従業員（労働者）と会社（雇用主）の間で取り交わされる約束事を、書面にした協定※のことです。

　労使で話し合い、**2**で説明した要件②〜④を設けることとした場合は、このモデル例のような労使協定を結んでください。②から④すべて設けることも、いずれかを選んで設けることもできます。

　○○株式会社と□□労働組合は、○○株式会社における育児休業に関し、次のとおり協定する。

　事業所長は、次の従業員から１歳に満たない子を養育するための育児休業の申出があったときは、その申出を拒むことができるものとする。

一　入社１年未満の従業員

二　１週間の所定労働日数が２日以下の従業員

三　申出の日から１年以内に雇用関係が終了することが明らかな
　　従業員

　　　　　　　　　　○年○月○日
　　　　　　　　　　○○株式会社　代表取締役　○○○○
　　　　　　　　　　□□労働組合　執行委員長　○○○○

※労基法36条により、「当該事業場に、労働者の過半数で組織する労働組合があるときはその労働組合、労働者の過半数で組織する労働組合がないときは労働者の過半数を代表する者との書面による協定」とされているものを一般に「労使協定」と呼んでいます。

3-5 入社してすぐでも産休・育休とれるの？

「入社してすぐ妊娠がわかった場合、産休・育休はとれるの？」。そんな質問は、妊娠した当事者からだけでなく、会社の担当者からよせられることも多いようです。ですのでとことん解説します！

「産休・育休とれるの？」シリーズ第1弾は、入社してすぐに妊娠がわかった場合について詳しく解説します。

1 産休はとれる

産休は、雇用形態や勤続年数にかかわらず、だれでもとれますので、もちろん、入社してすぐでも対象となります。（⇒3-2）

2 育休は会社による

育休については、入社1年未満の従業員は労使協定で対象外とすることができ、とれるかとれないかは会社によります。（⇒3-4）

（1）いつ時点で1年か？

ここでいう「入社1年未満」は"育休を申し出る時点で"判断することになります（育介法解釈通達）。そのため、妊娠がわかったのが入社1年未満だとしても、育休申出時に1年以上経過していた場合は、育休がとれます。詳しくは、右ページの「教えて！」をご覧ください。

（2）労使協定があったら育休はとれないのか？

労使協定で対象外と定められていたとしても、あくまで、育休の申出を「拒めない～限りではない（拒むことができる）」（育介法6条）にすぎず、会社が認めれば休業することができます。従業員は、会社に相談してみる余地があるかもしれません。会社にとっても、長い目でみると、社歴が浅いうちに産休・育休をとった従業員に、その後、

長く活躍してもらえるといいかもしれません。

（3）1年たったら育休をとれるのか？

労使協定により、入社すぐには育休がとれないとなった場合でも、産休後、家族の協力やベビーシッター等の利用によりいったん復職して就労し、入社1年経過時に改めて育休を申し出るということもできます（育介法解釈通達）。(⇒3-4,7-7)

（4）育児休業給付金は受給できるのか？

育休中に育児休業給付金を受給するためには、育休を開始した日の前2年間のうち、雇用保険被保険者である月が12か月以上必要となります。これは、同一の就業先である必要はないため、前職でも雇用保険に加入していれば期間を合算できます。ただし、前職を辞めてから失業給付受給者として認定されていないことなどの条件があります（雇用保険法61条の7）。

教えて！　入社半年で妊娠判明！

転職しながらキャリアアップする人、1人目の子を出産した時に退職したけれど、その後別の会社で職業人生を再スタートする人など、ずっと1つの会社で働き続ける人ばかりではない時代です。

さまざまな人生を歩む従業員がいるのですから、入社してすぐに妊娠が判明することだってあるかもしれません。そんな場合の例として、4月1日に入社し、9月1日に妊娠10週と判明したケースでみてみましょう。

この場合、出産予定日は翌年の3月30日。予定日どおりに生まれたとしたら、産後休業8週間の後、育休は5月26日からです。育休の申出は、開始日の1か月前の4月26日までになります。つまり育休申出時点で1年たっているので、育休をとることができます！

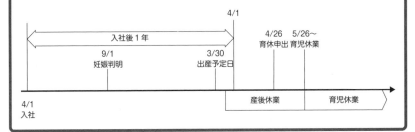

3-6 パートやアルバイトでも産休・育休とれるの？

「正社員ではなくても、パートやアルバイトでも産休・育休はとれるの？」という質問も定番です。ここで、深掘りして解説していきます。

「産休・育休とれるの？」シリーズ第2弾は、パートやアルバイトの方について詳しく解説します。

1　産休はとれる

産休は、雇用形態や勤続年数にかかわらず、だれでもとれますので、もちろんパートやアルバイトの方も対象となります。(⇒3-2)

2　育休は雇用形態による

「パート」でも「アルバイト」でも、会社で何と呼ばれているかに関係なく、3-4「育休をとれる人・とれない人」で説明した4つの要件をクリアすれば育休はとれます。

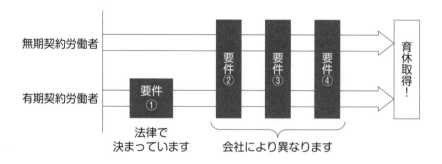

（1）「有期契約労働者」かどうか
要件①　有期要件

1年ごと、半年ごとなどの契約更新を繰り返している「有期契約労

第3章　産休・育休をとる

働者」は、他の要件をチェックする前に、「子が1歳6か月に達する日までに、その契約期間が満了することが明らかでない」という要件をクリアする必要があります（育介法5条1項）。

　雇用契約に期間が定められていない場合や、「入社して以来、会社と契約期間の話なんてしたことがない」という場合は、「有期契約労働者」に該当しないので、要件②〜④をクリアすれば育休はとれます。

（2）労使協定で対象外となっていないか

　上記（1）をクリアした人は、さらに要件②〜④をクリアできれば、パートやアルバイトでも育休はとれます。（⇒3-4）

要件②　1年以上要件

要件③　週2日超要件

要件④　1年以内終了要件

　どれか1つでもクリアできない場合は、勤務先に労使協定があるかないか確認が必要です。

（3）お金のこと

　パート・アルバイトでも雇用保険に加入していて受給要件を満たせば育児休業給付金を受けられますし、社会保険に加入している人の産休・育休中の社会保険料は手続きをすれば免除されます。（⇒3-9）

＼教えて！／
パート・アルバイトの育休って意味あるの？

　「パートやアルバイトも産休・育休がとれる！」ということを知らない人は、実際のところ多くいます。でも、「パートだから、また出産後に仕事を探せばいいや」と出産前に退職してしまうと、産休・育休中の手当金や給付金がもらえないだけでなく、保育園入園の優先順位も下がって仕事への復帰のハードルが上がってしまいます。また、2人目の出産の場合は、育休中でないと1人目のお子さんが保育園を退園しなくてはいけなくなる場合もあります。

　「あの会社は、パート・アルバイトも産休・育休がとれるよ」という噂が広まれば、よい人材が集まるかもしれません。人手不足の時代だからこそ、きちんとした対応をとりたいですね。

3-7 派遣労働者でも産休・育休とれるの？

「派遣労働者」は、そもそも産休・育休はとれないと思っている人もいますが、それ間違いです！　派遣元も派遣先も、派遣労働者の方も、知っておいてほしいことがたくさんあります！

「産休・育休とれるの？」シリーズ第3弾は、派遣労働者の場合について、少し複雑ですが、整理して詳しく解説します。

1　派遣労働者とは…前提となる知識の確認

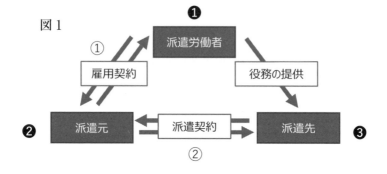

図1

派遣労働とは、❶派遣労働者　❷派遣元　❸派遣先の三者で成り立つもので、図のような三角関係になっており、次の2つの契約が存在します。
① 雇用契約：派遣元と派遣労働者の間の契約
② 派遣契約：派遣元と派遣先の会社間の契約

2　産休はとれる

産休は、雇用形態や勤続年数にかかわらず、だれでもとれますので、もちろん派遣労働者も対象となります。（⇒3-2）

第3章　産休・育休をとる

③　育休は「派遣元との雇用契約」がポイント

　「派遣労働者は、働きたいときに派遣元と雇用契約を結んで派遣先で働くものだから、産休・育休は関係ないはず」と思っている人がまだまだ多いようですが、そんなことはありません。

　派遣という働き方でも、要件①～④（⇒3-4）をクリアすれば、育休はとれます。

要件①　有期要件

要件②　1年以上要件

要件③　週2日超要件

要件④　1年以内終了要件

　ポイントとなるのは、要件①「子が1歳6か月に達する日までに雇用関係が終了することが明らかではないこと」、要件②「育休を申し出る時点で入社1年以上である（同じ会社に引き続き1年以上雇用されている）こと」、④「1年以内に雇用関係が終了することが明らかでない」の「雇用」とは、図1の❶派遣労働者と❷派遣元との間の①雇用契約のことを指すということです（育介法5条・6条、育介指針第2の16）。

　すなわち、育休から復帰したときには産休前とは異なる派遣先で就労することも視野にいれ、派遣元との①雇用関係について要件①②④を満たしていれば、育休がとれます。

④　産休・育休中の雇用契約

　派遣労働者の育休は、派遣先A社→産休・育休→派遣先B社と産休・育休の前と後で派遣先が異なるケースもあるので、産休・育休中には次の派遣先が決まっていない状況も考えられます。このような場合の雇用契約については、実務上、次のような方法が考えられます。

99

図2

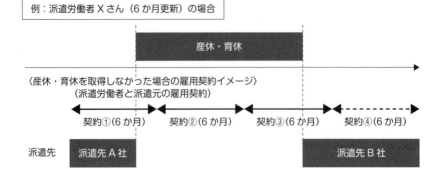

【契約期間】
・図2のように6か月などこれまでと同じ長さの雇用契約を更新していく方法。
・産休・育休期間については、育休終了予定日にあわせた雇用契約を締結し、復職後の新たな派遣先が確定した段階で、次の雇用契約を締結する方法。

【労働条件】
　就労場所、始業終業時刻などの労働条件の欄については、「法令で定める産休・育休中につき、明示すべき具体的な労働条件はない」などと記載している例も見られます。この場合、派遣元は育休終了前に十分な時間的余裕をもって復職後の派遣先を探し始め、育休終了後の新たな派遣先が決まった時点で、具体的な労働条件を明示することになります。

＼教えて！／
派遣先が変わるのに育休？

　派遣労働者の育休については、そもそも「働きたい期間だけ派遣元と雇用契約を結ぶのが派遣なのだから、育休って関係あるの？」という根本的な疑問があるかもしれません。
　でも、現場でみていると、たとえば夫の転勤についていき、正社員という立場よりも仕事内容を優先するなどの理由から、派遣という雇

用形態で仕事をしている出産・子育て世代の人を多くみかけます。時間的、場所的制約がある人も活躍できるのが派遣のいいところだから、子育て世代に選ばれる働き方になっているのかもしれません。そのような中、「正社員だけしか育休がとれない状況を変えよう」ということで、平成17年4月1日に有期契約労働者も育休がとれるように法律が改正されたわけです。その当時から、いろんな法的問題点を整理してきて、派遣でも育休がとれるようになっているのです。

　派遣の育休は、図1の三角形のみんなが協力することが大事で、派遣元の努力だけでは、難しいのが実情です。派遣先、派遣労働者へのお願いも書いておきます。

【お願い！　派遣先の方へ】

　派遣労働者が産休・育休を取得するには、産前休業に入るまで雇用契約が継続している必要があります。

　たとえば左頁図2の例で、産休に入る直前も契約①のように通常どおり6か月間の派遣契約を派遣先と派遣元で更新し、それと同じ期間の派遣元と派遣労働者の雇用契約を結ぶことができれば、派遣労働者はスムーズに産休・育休に入ることができます。この場合、派遣労働者が産休に入ってからは派遣契約に基づく料金も発生しないので、派遣先に何か負担があるわけではありません。

　反対に、「きりのいいところで終了にしよう」と契約①の手前で派遣契約を終了してしまうと、妊娠中の派遣労働者は産休に入るまで別の短期間の派遣先がみつからない場合、派遣元との間の雇用契約も終了してしまい、産休・育休がとれなくなります。

　法律上も、派遣法47条の2、47条の3により、均等法9条3項及び育介法10条は派遣先にも適用されます。

　一緒に働いてきた派遣労働者が無事に産休・育休をとれるよう、派遣先の協力をお願いします！

【お願い！　派遣労働者の方へ】

　派遣の産休・育休のしくみは本節で説明したとおりで、Xさんが産休・育休にはいったら、派遣先には別のYさんが派遣されることとなるので、Xさんが育休後に同じ派遣先で働きたいと希望しても難しいことが一般的です。

　派遣で産休・育休をとる方は、このしくみを知った上で、育休からの復職先について、早めに派遣元とよく話し合うようにお願いします。

3-8 産休・育休がとれない？
【不利益取扱い⑤】

「産休はみんなとれる」「育休も要件を満たせばとれる」のに、「産休・育休がとれない」と言われてしまうことがあるようです。では、ほんとに「とれない」のは、どういうとき?!

1　ケースごとにみてみる

「産休・育休がとれない」という相談については、状況によって関係する法令がかわってくるので、3つのケースにわけて解説します。

【ケース1】　産休・育休をとらずに働くように言われた

産休をとらせずに働かせることは労基法65条違反です。育休については、要件を満たした育休申出を会社（事業主）が拒むことはできない（育介法6条）ので、どんな小さな会社でも法にそって申し出れば必ずとれます。

【ケース2】　産休はとれるけど育休はとれない

育休だけがとれないケースについては、まず、3-4の要件①～④を満たすかどうかを確認してください。

要件を満たす場合、会社が従業員に育休をとらせないことは法違反（育介法6条）です。

要件を満たさない場合、従業員は産休後に復職するか退職するかを選択することとなります。

【ケース3】　産休の前に辞めてほしいと言われた

育休の要件を満たす従業員が産休・育休をとりたいと申し出たのに、会社がそれを認めず産休の前に辞めてほしいしいというケースについては、その取扱いが、「産休・育休の申出を理由とする解雇・雇止め・退職強要」にあたる場合は、法違反（均等法9条3項、育介法

第3章　産休・育休をとる

10条）となります。

　これに加えて、ケース2とケース3については、産休中及びその後30日間は解雇が制限されていること（労基法19条）、妊娠中又は産後1年を経過しない従業員に対する解雇は無効であること（均等法9条4項）にも留意が必要です。

2　3 step 判定

　【ケース3】について、どのような場合が法違反にあたるのか、考え方のポイントを「3 step 判定（⇒15頁）」にそって説明します。

■ 3 step 判定 ■ …その取扱いは法違反（＝禁止）か？

> **step 1** **判定ボードの準備**
> 　「禁止パターン12×12」（⇒10-11頁）から選択し、判定ボード　A　と　B　を埋める。

> ▶判定ボード◀
> 　A　⑤⑩産休・育休の請求・申出　　　　　　　　　　を理由とする
> 　B　①解雇・②雇止め・④退職強要　に該当する場合
> すなわち、　A　と　B　に因果関係がある場合は法違反です。

> **step 2** **なかったら判定**
> 　「　A　がなかったら、　B　は起きていたか？」と考えてみることにより、因果関係をチェックする。

① 明らかに因果関係がある

〈例〉「産休・育休で1年もいないなら、産休に入る前に辞めてくれ」と言われた。

　　▶産休・育休を申出しなかったら、解雇や雇止めにならなかったはずです。その取扱いは法違反（＝禁止）です！

103

② 因果関係がわからない又はないようにみえる

〈例〉「経営状況が厳しくて、1年後、復職させるポストがあるかわからないので、育休はとらずに辞めてほしい」と言われた。
　▶経営状況を理由としていて因果関係はないようにみえますが、育休を申出しなかったら、解雇や雇止めの話はなかったかもしれません。この例については、「step3 ダメ押しチェック」で考えてみましょう。

step3　ダメ押しチェック
解釈通達の考え方にそって、法違反の有無について判定する。

▶解釈通達◀
① 　A　 と 　B　 が時間的に近接していて
② 2つの例外のどちらにも該当しない場合は、
「　A　を理由とする　B　」（＝法違反）とみなす。

① 時間的に近接しているか？
「産休・育休の請求・申出後、解雇・雇止め・退職強要された」のですから、　A　と　B　は時間的に近接しています。

② 2つの例外に該当するか？

例外1「特段の事情」がある　　□ 該当する　　□ 該当しない
「会社の経営状況が厳しい」といっても、実際に整理解雇、役員報

第3章　産休・育休をとる

酬や賃金減額などの予定が何もないような場合は、法令で保護された「産休・育休を申出した労働者を解雇等せざるを得ない特段の事情」があったとみなされる可能性は低いと考えられます。

例外2　「真の同意」があった　　　□ 該当する　　□ 該当しない

「人手が足りない」「経営が厳しい」などと言われると、従業員は了承せざるを得なかったり、退職届にサインしたりしてしまうかもしれません。

「真の同意」の有無については、このような外形上の同意ではなく、 B による「不利な影響（従業員が失うもの）」と「有利な影響（従業員が得るもの）」を比べ、会社からの十分な説明についても加味したうえで、一般的な他の人でも同意するかどうか」について客観的に判断する必要があります。

▶例外1、例外2の両方とも「該当しない」に☑がついた場合は法違反（＝禁止）です！

解決への道しるべ

絡まった糸をほどいていくように
ひとつずつ解決していく

「育休がとれない」というケースを現場でみていると、「会社が育休をとらせてくれない」という法違反となるようなケースだけでなく、じつは、従業員自身が「育休なんて言い出せないし、無理」と思っていて「とれない」というケースも多くあります。だから、ハラスメントのない、育休を申し出しやすい職場環境の整備などが、会社に義務付けられました（⇒3-11）。

でも、「育休がとれない」と思ってしまうと、男性は育児の方をあきらめ、そうすると女性はいわゆる「ワンオペ育児」となり、仕事と育児の両立なんて無理！　と、仕事の方をあきらめてしまう…。

育休って、ほんとは「仕事と育児の二者択一を迫られることなく、どっちも！　といえるための制度」であるべきなのに、なぜ、と思ってしまいます。現実は、いろんな問題が絡まっているけれど、それをちょっとずつ、やわらかくそっと、ほどいていってみてください。子どもたちの幸せな未来のためを思って。

3-9 産休・育休とお金の話

産休・育休で会社を休めば、当然、収入は減ってしまいます。お金のことはとっても重要！　なのに、情報がばらばらでわかりにくい！　そこで、従業員側、会社側、それぞれの目線で解説します。

1　従業員のお金のこと

育休をとらない理由として、男女ともに「収入を減らしたくない」という理由をあげる人が多くいます。産休・育休中の収入や支出など、従業員にかかわるお金関係について表にまとめました。

(1) 収入

	産休中にもらえるもの	育休をとったらもらえるもの
賃金	法律上の定めなし（無給でも可） 産休・育休中の賃金については、法律上の定めはありません。そのため、それぞれの会社で定められ、無給のことも多くあります。	
公的給付	**出産手当金** 健康保険に加入している従業員が産休をとった場合、1日につき、原則として<u>賃金の3分の2相当額</u>が支給されます。ただし、休業している間にも、会社から出産手当金よりも多い額が支給されている場合は支給対象外となります。⇒詳しくは、協会けんぽ、健康保険組合等へ	**出生時育児休業給付金** 産後パパ育休（出生時育児休業（⇒7-3）を取得した等、一定の要件を満たした雇用保険被保険者を対象に、原則として<u>休業開始前の賃金の67％</u>が支給されます。 なお、出生時育児休業給付金は、原則男性を対象とした給付金ですが、養子の子を養育する場合等は女性も受け取ることが可能です。⇒詳しくは、最寄りのハローワークへ

106

出産育児一時金	育児休業給付金
健康保険に加入していた場合、1児につき50万円（産科医療補償制度加算対象出産でない場合は48万8千円）が出産育児一時金として支給されます。 ⇒詳しくは、協会けんぽ、健康保険組合、市区町村等へ	1歳未満の子（保育所に入れないなどの事情により延長もあり）を養育するために育児休業を取得した等の一定要件を満たした雇用保険被保険者を対象に、原則として、 ・休業開始後180日間は休業開始前賃金の67％ ・休業開始後181日以降は休業開始前賃金の50％ が支給されます。 ⇒詳しくは、最寄りのハローワークへ

さらに、令和7年4月1日から、「出生後休業支援給付金」が創設されます。これは、女性は産後休業後8週間以内、男性は子の出生後8週間以内に、雇用保険の被保険者とその配偶者の両方が14日以上の育児休業を取得する場合に、最大28日間、休業開始前賃金の13％相当額が給付されるというものです。これによって、育児休業給付とあわせて給付率は80％（手取りで10割相当）になります。なお、配偶者が専業主婦（夫）の場合や、ひとり親家庭の場合などには、配偶者が育児休業をとらなくても給付率が引き上げられます。

これらの育児休業関連の給付金をまとめると、下図のとおりです。

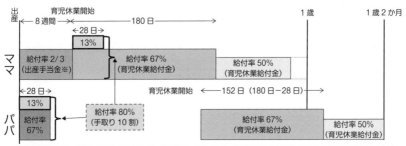

※健康保険等により、産前6週間、産後8週間について、過去12か月における平均標準報酬月額の2/3相当額を支給。

これらの手当金等は、いずれも非課税のため所得税の控除はなく、次年度の住民税の基礎算定にもなりません。各種手当の給付額については「働く女性の心とからだの応援サイト」でおよその金額を計算できます（⇒167頁）。

（2）支出

	産休	育休
社会保険料（厚生年金保険料・健康保険料）	年金事務所に手続きをすれば免除（※） ⇒詳しくは、年金事務所、健康保険組合、企業年金基金等へ	
雇用保険料	無給の場合、保険料は発生せず	

（※）社会保険料の免除については、**3** をご覧ください。

2　会社のお金のこと

（1）収入

　育休からの円滑な職場復帰を支援した場合や、男性が出生後8週間以内に連続5日以上の育休を取得した場合等で支給される助成金があります。

（2）支出

	産休	育休
賃金	法律上の定めなし（無給でも可） 有給・無給、いずれにしても、トラブル防止のため就業規則等によりあらかじめ明示しておくことをおすすめします。	
社会保険料（厚生年金保険料・健康保険料）	年金事務所に手続きをすれば免除（※） ⇒詳しくは、年金事務所、健康保険組合、企業年金基金等へ	
雇用保険料	無給の場合、保険料は発生せず	
労災保険料（会社のみ）	無給の場合、保険料は発生せず	

（※）社会保険料の免除については、**3** をご覧ください。

このように、産休・育休をとった場合、その人に支払うはずだった人件費が浮くことになり、これは「収入」とも考えられます。これを利用して、代替要員の確保等にいかせるといいですね。(⇒ 3-12)

3　社会保険料の免除の要件

【月給の社会保険料免除】
①　その月の末日が育児休業期間中であること
　又は
②　同一月内で育児休業を取得し、その日数が14日以上であること

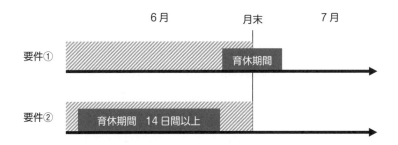

【賞与の社会保険料免除】
・賞与月の末日を含めて連続1か月超の育児休業を取得したこと

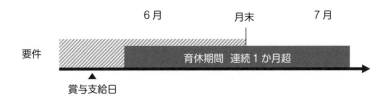

3-10　産休・育休の手続き

産休・育休の手続きは、文字でみてもわかりづらいもの。しかも、出産直後はドタバタで手続きを忘れてしまいがち。「うっかり忘れてた！」とならないように、気をつけてください！

1　産休の手続き

　産前休業は出産予定日含む6週間（双子以上の場合は14週間）前から取得できます。産前休業の申請にあたっては、「書面」といった申請方法や「○か月前まで」といった申請期限の決まりはありません。口頭で当日からでも産前休業に入ることが可能です（労基法65条1項）。

　産後休業については従業員からの請求の有無にかかわらず、出産日の翌日から8週間は、会社は従業員を就労させてはならないと定められており、たとえ従業員自らが働くことを希望したとしても、その間は原則就労できません。ただし、出産後6週間以降であれば、本人が請求し、医師も支障がないと判断した業務については就労させることが可能です（労基法65条2項）。

2　育休の手続き

（1）育休の申出期限

　育休の申出は、開始したい日の1か月前までに、開始日・終了日を明記したうえで、会社（事業主）あてに行う必要があります（育介法6条3項、育介則12条）。

（2）育休申出書の記載内容

　申出書で必ず明らかにしなければならない事項は、次の4点です（育介則7条1項）。

① 申出の年月日
② 従業員の氏名
③ 申出にかかる子の氏名、生年月日および従業員との続柄等（子が出生していない場合は、出産予定者の氏名、出産予定日及び従業員との続柄）
④ 休業を開始しようとする日及び休業を終了しようとする日

　会社に所定の様式がない場合は、厚生労働省による様式例もありますので、活用してください（⇒**参考資料4**）。

（3）提出方法

　会社（事業主）に書面により申出をしますが、FAX や電子メール等（イントラネット、Web メール、SNS も含む）送信情報を出力することで書面を作成できるものについても、会社（事業主）が適当と認める場合は可能です（育介則7条2項）。

教えて！
育休申出が遅れたら？

　開始希望日の1か月前までに申出ができなかった場合、会社（事業主）は、開始希望日から実際の申出があった日より1か月経過する日までの間で、開始日を指定することができます。

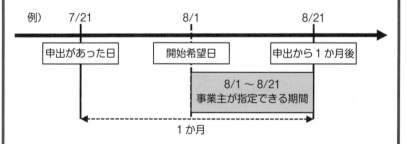

※従業員は、希望する日から育休が取得できなくなるのでご注意ください。
※会社（事業主）は、開始日を指定できるだけで、申出自体が無効になるわけではないので、ご注意ください。

3-11 会社（事業主）が しなければならないこと

時代にあわせ、少しずつ進化してきた「育介法」。改正が多くて、専門家であっても「何をすればよいかわからない」となりがちです。ここでは、会社がやるべき法定の義務事項について解説します。

従業員の産休・育休、そして復職後の仕事と育児の両立にあたって、会社として対応を求められることをまとめておきます。

1 「産休・育休をとりたい」と言われたら

（1）法律通り産休・育休を取得させる

詳しくは以下を参照ください。

産休⇒「3-2 産休のこと」

育休⇒「3-3 育休のこと（全体像）」

（2）「取扱通知書」を従業員にわたす

会社は従業員から育休取得の申出があった場合、「取扱通知書」を作成し、従業員に対して通知しなければなりません（育介則7条4項）。（⇒参考資料5）

（3）産休・育休をした（する）従業員に不利益な取扱いをしない

詳しくは本書の【不利益取扱い】シリーズを参照ください。（⇒1-4，2-5，2-6，2-7，3-8，4-6，4-7，4-8，5-1，5-2，5-3，5-4，6-7，6-8，6-9）

（4）産休・育休をする従業員の仕事の割振りを考える

詳しくは以下を参照ください。

「3-12 代替要員の話 これ、大事です！」

第3章　産休・育休をとる

2　ふだんからやっておくこと

（1）ハラスメントがない職場環境をつくる
【ハラスメントとは】

「また育休とるんだ」「男のくせに育休なんて」「迷惑だ。自分なら取得しない」「育休をとる人に重要な仕事は任せられない」など、制度の利用を阻害したり、利用したことを理由に嫌がらせを行うことで、就業環境が害されるものをいいます。

【会社がしなければならないこと】

法律で育休が権利として保証されていても、上のようなハラスメントのある職場では、育休をとりたいなんてなかなか言い出せません。

このため、会社（事業主）には、職場におけるハラスメントの防止措置を講じることが義務付けられています。具体的には、以下の措置を必ず講じなければなりません（均等法11条の3、育介法25条）。

〈会社（事業主）が講ずべき措置〉

---

① 会社（事業主）の方針の明確化及びその周知・啓発
② 相談（苦情含む）に応じ、適切に対応するために必要な体制の整備
③ 職場におけるハラスメントへの事後の迅速かつ適切な対応
④ あわせて講ずべき措置（プライバシー保護等）
⑤ 職場における妊娠・出産・育児休業等に関するハラスメントの原因やその背景となる要因を解消するための措置

（2）育休したいと申出しやすい職場環境をつくる

露骨なハラスメントがなかったとしても、その会社での育休第1号の場合など、「育休をとりたい」と言い出すのはハードルが高いと感じることも多くあります。このため、育児休業・産後パパ育休を申出しやすい環境の整備として、会社は男女の従業員を対象に次のいずれ

113

かの措置を講じなければなりません（育介法22条１項、育介則71条の２、育介指針第２の６の２(1)(2)）。

〈環境整備の措置義務〉

① 育児休業・産後パパ育休に関する研修の実施
② 育児休業・産後パパ育休に関する相談窓口の整備
③ 育児休業・産後パパ育休取得事例の収集・周知
④ 育児休業・産後パパ育休取得促進に関する会社の方針の周知

3 「子どもが生まれる」と言われたら

（１）育休制度について説明し、意向を確認する

　自分で法律や制度を調べて、自分から「育休をとりたい！」と会社に言える人ばかりではないので、「子どもが生まれる」と従業員から言われたら、会社はその従業員が利用できる育児休業等の制度について、個別に周知し、育児休業や産後パパ育休の取得の意向について確認する必要があります（育介法21条１項、育介則69条の４）。

　これは、女性従業員から「妊娠して○月に出産予定です」と言われた場合だけでなく、男性従業員から「妻が妊娠中で…」と申出があった場合も対象です。また、このような申出は所属長などにされることも多いので、適切に対応できるよう社内フローを定め共有しておくことも大切です。

〈周知しなければならない事項〉

① 育児休業・産後パパ育休に関する制度
② 育児休業・産後パパ育休の申出先
③ 育児休業給付金に関すること
④ 従業員が育児休業期間・産後パパ育休期間に負担すべき社会

第3章　産休・育休をとる

保険料の取扱い

（2）育児の状況についてきいて、配慮する

　さらに、令和7年10月1日からは、「仕事と育児の両立に関する個別意向聴取・配慮」も会社（事業主）の義務になります。仕事や育児の状況は人によって異なるので、その人の具体的な状況を聞き取って、自社の状況に応じた配慮をするように、ということです（育介法21条2項・23条の3第6項）。

〈仕事と育児の両立に関して聞き取るべき内容〉

> ①　勤務時間帯（始業及び終業の時刻）
> ②　勤務地（就業の場所）
> ③　両立支援制度等の利用期間
> ④　その他仕事と育児の両立の支障となる事情の改善に資する就業の条件

4　従業員の育てる子が3歳になる前に

（1）両立支援制度について説明し、意向を確認する

　令和7年10月1日からは、従業員の育てる子が3歳になる前に※、両立支援制度等について個別周知し、意向を確認することも会社（事業主）の義務になります（育介法23条の3第5項、育介則75条の9）。（⇒6-3）

（2）育児の状況についてきいて、配慮する

　3（2）については、①「子どもが生まれる」と言われたときと、②従業員の育てる子が3歳になる前にしなければならないことです。

※子どもの3歳の誕生日の1か月前までの1年間（育介則75条の8）

115

3-12 代替要員の話　これ、大事です！

「育休とる人の仕事のしわ寄せがきてつらい」っていう話はよく聞きますよね。それが、産休・育休ハラスメントにつながるのは悲しいことです。そうならないように、できることはいろいろあります。

1　ハラスメントの背景

前節で「会社には妊娠・産休・育休等に関するハラスメント対策をする義務がある」という話をしましたが、切迫流産で休業したり産休・育休をとったりする従業員のしわ寄せが他の人に偏ってしまっている状況が生じていたら、ついつい「迷惑だ」「また、子育て社員が」と言いたくなる側の気持ちもよく理解できます。

2　指針

このため、指針においては、「職場における妊娠・出産等に関するハラスメントの原因や背景となる要因を解消するための措置」として、会社（事業主）は「業務体制の整備など、事業主や妊娠等した労働者その他の労働者の実情に応じ、必要な措置」を講じなければならないと規定されています（マタハラ指針4(4)）。

3　対応のポイント

3-9「産休・育休とお金の話」で解説したとおり、産休・育休中の従業員には公的支援がなされ、会社には賃金の支払い義務はありません。そこで、浮いた人件費を活用して、産休・育休中の従業員がしていた仕事をどう穴埋めするかが重要です。ざっくりとした例ですがいくつか具体的なパターンを紹介します。

4 具体的なパターン

　たとえば、このような5人の部署でDさんが育休をとる場合、この部署のもともとの月の総人件費は175万円ですが、Dさんが育休を取っている月は、30万円が浮き、月の総人件費は145万円となります。

　この「浮いた30万円」をどう使うかがポイントです。

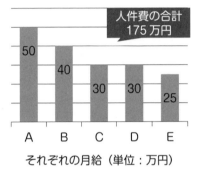

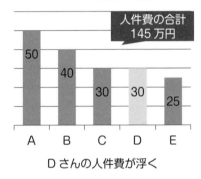

（1）代替を確保

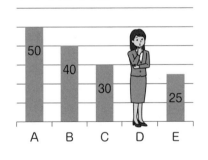

　Dさんに支払っていた月30万円を使って代替要員を確保する方法を4通りご紹介します。

① アルバイト・派遣労働者

　育休終了日は申出時点でわかります。そのため、従業員の休業期間のみに限定する形で、アルバイト・派遣労働者にきてもらう方法があります。

② 他部署からの応援

　ジョブローテーションやジョブチャレンジも含め、期間限定で他部

署から応援を求める、仕事のノウハウを持ったベテランの再雇用社員に即戦力として活躍してもらうなどの方法は、新たな風が吹き、部署として気付きが得られることもあるかもしれません。

③　学生インターンなど

学生インターンや学生アルバイトに活躍してもらう方法も考えられます。就活を控えた学生にとっても会社の雰囲気を知る良い機会になるのかもしれません。

④　玉突き作戦

新人のEさんにDさんの仕事にチャレンジしてもらい、Eさんのポストに派遣労働者にきてもらう方法もあります。これにより「Eさんが成長した！」「仕事が見える化されて組織力がアップした！」という話もよくききます。

（2）残ったメンバーで業務を配分

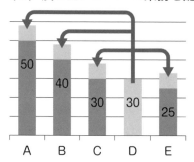

短期間の休業などで、代替を確保せずDさんの仕事を残ったメンバーで分けあう場合は、がんばったメンバーに賞与や手当として浮いた30万円を分配する方法も考えられます。

また、人件費30万円分の支出が減るのですから、部署としてのアウトプットにかかる目標値を下方修正する方法もあるかもしれません。

（3）組織全体で考える

　大企業であれば、一定人数の育休取得者を見越した採用計画を立てるなど組織全体で考える方法もあると思います。

　中小企業ではこのような対応は難しいと思いますが、厚生労働省では休業期間中に代替要員の新規雇用を行った中小企業に対して両立支援助成金を支給（2024年12月1日現在）しているので活用してください。

解決への道しるべ

オールジャパンで子どもを育てる

　従業員の方は、会社の中では営業だったり事務だったり、さまざまな役割を担っていると思いますが、会社の外でも、いろんな役割がありますよね。親や子としての役割もあれば、地域でのボランティアや趣味のサークルの一員としての役割もあるかもしれません。そんな中で、「妊娠・出産・育児」という役割を担うために職場での持ち場を離れて産休・育休をとるとき、会社はどう対処するのがよいか、ということが問題になるわけです。

　その間の生活費は給付金として国が補償するので、会社には、浮いた人件費を上手に使って、その従業員の方が会社で担っていた仕事をどう配分するか考えていただきたいのです。そして、会社でも家庭でも、だれかにだけ負担が偏ることなく、すくすくと子どもたちが育っていける社会になるようにみんなで協力していくのだ、という気持ちをもっていただければと思います。

COLUMN

研修動画もご利用ください

　3-11②で説明したとおり、会社（事業主）は、ふだんから「育休したいと申出しやすい職場環境をつくること」も求められています。そのためにやることとして「育児休業・産後パパ育休に関する研修の実施」があります。

　と言われても、研修するにはお金も時間もかかる……と思ってしまうかもしれません。そこで、東京労働局では、15分で完結する従業員研修のための動画を作っておきました。東京労働局 Youtube 公式アカウントにアップされていますので、自席での視聴や会議の時に流すなどして、ぜひご利用ください！

　会社がやらなければならないことや令和7年度施行の法改正情報について説明した動画も視聴できますので、どうぞご利用ください。

第 3 章　産休・育休をとる

＼ 教えて！ ／
フリーランスだと育休はない？

　　　　　フリーランスとして働いているライターさんやイラスト
レーターさん、あるいは、自営業の方、経営者の方など、雇用保険に
入らない働き方をしていると、産休や育休をとることができません。
このため、基本的には自分自身で仕事の量などを調整しつつ、妊娠・
出産、そして育児期を過ごしていくことになります。しかし、実際に
は、一人の個人として仕事をしているフリーランスが、大きな組織で
ある会社などから仕事を受けている場合、対等な立場で交渉したり、
情報を収集したりするのは難しく、仕事の量などを調整するのは難し
いのが現状です。そのような背景から、令和 6 年 11 月 1 日に、いわゆ
る「フリーランス新法」（特定受託事業者に係る取引の適正化等に関
する法律）が施行されています。

　このフリーランス新法では、フリーランスに仕事を発注する（業務
を委託する）会社などは、そのフリーランスの方からの申出に応じて
「妊娠、出産若しくは育児又は介護と両立しつつ当該継続的業務委託
（6 か月以上）に係る業務に従事することができるよう、その者の育
児介護等の状況に応じた必要な配慮をしなければならない。」（第 13 条
第 2 項）と定められています。
　また、令和 6 年 11 月 1 日からは、フリーランスの人も、労災保険の
「特別加入」の対象にもなっており、一定要件を満たしていれば、手
続きをすることで労災保険に特別加入できます。

　このように、少しずつ、フリーランスとして働く環境が整えられて
きていますが、まだ十分とはいえません。ママがフリーランスで育休
をとれなくても、パパは会社員で育休をとれる場合もあると思いま
す。第 7 章の事例（⇒ 7 - 7）も参考にしてみてください。

121

参考資料4 **育児休業申出書の例**

（出生時）育児休業申出書

殿

[申出日]　　　　年　月　日
[申出者]所属
　　　　　氏名

私は、下記のとおり（出生時）育児休業の申出をします。

記

1　休業に係る子の状況	(1) 氏名	
	(2) 生年月日	
	(3) 本人との続柄	
	(4) 養子の場合、縁組成立の年月日	年　　月　　日
	(5) (1)の子が、特別養子縁組の監護期間中の子・養子縁組里親に委託されている子・養育里親として委託された子の場合、その手続きが完了した年月日	年　　月　　日
2　1の子が生まれていない場合の出産予定者の状況	(1) 氏名 (2) 出産予定日 (3) 本人との続柄	
3　出生時育児休業		
3-1　休業の期間	年　　月　　日から　　年　　月　　日まで （職場復帰予定日　　　年　　月　　日） ※出生時育児休業を2回に分割取得する場合は、1回目と2回目を一括で申し出ること 　　年　　月　　日から　　年　　月　　日まで （職場復帰予定日　　　年　　月　　日）	
3-2　申出に係る状況	(1) 休業開始予定日の2週間前に申し出て	いる・いない→申出が遅れた理由 〔　　　　　　　　　　　　〕
	(2) 1の子について出生時育児休業をしたことが（休業予定含む）	ない・ある（　回）
	(3) 1の子について出生時育児休業の申出を撤回したことが	ない・ある（　回）
4　1歳までの育児休業（パパ・ママ育休プラスの場合は1歳2か月まで）		
4-1　休業の期間	年　　月　　日から　　年　　月　　日まで （職場復帰予定日　　　年　　月　　日）	

第3章　産休・育休をとる

		※1回目と2回目を一括で申し出る場合に記載（2回目を後日申し出ることも可能）	
		年　　月　　　日から　年　　月　　　日まで （職場復帰予定日　　　　年　　月　　　日）	
	4-2　申出に係る 　　　状況	(1) 休業開始予定日の1か月前に 　　申し出て	いる・いない→申出が遅れた理由 〔　　　　　　　　　　　　　　　　　〕
		(2) 1の子について育児休業をし 　　たことが（休業予定含む）	ない・ある（　回） →ある場合 休業期間：　　年　　月　　　日から 　　　　　　　　年　　月　　　日まで →2回ある場合、再度休業の理由 〔　　　　　　　　　　　　　　　　　〕
		(3) 1の子について育児休業の申 　　出を撤回したことが	ない・ある（　回） →2回ある場合又は1回あるかつ上記(2)が ある場合、再度申出の理由 〔　　　　　　　　　　　　　　　　　〕
		(4) 配偶者も育児休業をしてお 　　り、規則第　条第　項に基づき 　　1歳を超えて休業しようとする 　　場合（パパ・ママ育休プラス）	配偶者の休業開始（予定）日 　　　　年　　月　　　日
5	1歳を超える育児休業		
	5-1　休業の期間	年　　月　　　日から　年　　月　　　日まで （職場復帰予定日　　　　年　　月　　　日）	
	5-2　申出に係る 　　　状況	(1) 休業開始予定日の2週間前に 　　申し出て	いる・いない→申出が遅れた理由 〔　　　　　　　　　　　　　　　　　〕
		(2) 1の子について1歳を超える 　　育児休業をしたことが（休業予 　　定含む）	ない・ある→再度休業の理由 〔　　　　　　　　　　　　　　　　　〕 休業期間：　　年　　月　　　日から 　　　　　　　　年　　月　　　日まで
		(3) 1の子について1歳を超える 　　育児休業の申出を撤回したことが	ない・ある→再度申出の理由 〔　　　　　　　　　　　　　　　　　〕
		(4) 休業が必要な理由	
		(5) 1歳を超えての育児休業の申 　　出の場合で申出者が育児休業 　　中でない場合	配偶者が休業　している・していない 配偶者の休業（予定）日 　　　　年　　月　　　日から 　　　　年　　月　　　日まで

（注）上記3、4の休業は原則各2回まで、5の1歳6か月まで及び2歳までの休業は原則各1回です。
申出の撤回1回（一の休業期間）につき、1回休業したものとみなします。

＜提出先＞　　直接提出や郵送のほか、電子メールでの提出も可能です。
○○課　　　　メールアドレス：□□□□＠□□

※申出書に提出先を記載することは義務ではありませんが、提出先及び事業主が電子メール、FAX、SNS
　等の提出を認める場合はその旨を記載するとわかりやすいでしょう。

参考資料5 **取扱通知書の例**

（出生時）育児休業取扱通知書

　　　　　　　　　　　殿

　　　　　　　　　　　　　　　　　　　　　　　　　　年　　月　　日
　　　　　　　　　　　　　　　　　　　　会社名

　あなたから　　　年　　月　　日に（出生時）育児休業の〔申出・期間変更の申出・申出の撤回〕
がありました。その取扱いを下記のとおり通知します（ただし、期間の変更の申出及び出生時育児休業中
の就業日があった場合には下記の事項の若干の変更があり得ます。）。

記

1　休業の期間等	(1)適正な申出がされていましたので申出どおり　　　年　　月　　日から　　　年　　月　　日まで（出生時育児・育児）休業してください。 　　　職場復帰予定日は、　　　年　　月　　日です。 (2)申し出た期日が遅かったので休業を開始する日を　　　年　　月　　日にしてください。 (3)あなたは以下の理由により休業の対象者でないので休業することはできません。 (4)あなたが　　　年　　月　　日にした休業申出は撤回されました。
2　休業期間中の取扱い等	(1) 休業期間中については給与を支払いません。 (2) 所属は　　　　　課のままとします。 (3) ・（（出生時）育児休業のうち免除対象者）あなたの社会保険料は免除されます。 　　・あなたの社会保険料本人負担分は、　　　月現在で1月約　　　円ですが、休業を開始することにより、　　　月からは給与から天引きができなくなりますので、月ごとに会社から支払い請求書を送付します。指定された日までに下記へ振り込むか、　　　　に持参してください。 　　振込先： (4) 税については市区町村より直接納税通知書が届きますので、それに従って支払ってください。 (5) 毎月の給与から天引きされる社内融資返済金がある場合には、支払い猶予の措置を受けることができますので、　　　　　　　に申し出てください。 (6) 職場復帰プログラムを受講できますので、希望の場合は　　　　　　課に申し出てください
3　休業後の労働条件	(1) 休業後のあなたの基本給は、　　　級　　　号　　　　円です。 (2) 　　　年　　月の賞与については算定対象期間に　　　日の出勤日がありますので、出勤日における勤務成績などを考慮して計算した額を支給します。 (3) 退職金の算定に当たっては、休業期間を勤務したものとみなして勤続年数を計算します。 (4) 復職後は原則として　　　課で休業をする前と同じ職務についていただく予定ですが、休業終了1か月前までに正式に決定し通知します。 (5) あなたの　　　年度の有給休暇はあと　　　日ありますので、これから休業期間を除き　　　年　　月日までの間に消化してください。 　　　次年度の有給休暇は、今後　　　日以上欠勤がなければ、繰り越し分を除いて　　　日の有給休暇を請求できます。
4　その他	(1) お子さんを養育しなくなる等あなたの休業に重大な変更をもたらす事由が発生したときは、なるべくその日に　　　　　課あて電話連絡をしてください。この場合の休業終了後の出勤日については、事由発生後2週間以内の日を会社と話し合って決定していただきます。 (2) 休業期間中についても会社の福利厚生施設を利用することができます。

（注）上記のうち、1(1)から(4)までの事項は事業主の義務となっている部分、それ以外の事項は努力義務となっている部分です。

124

第4章

産休・育休中のこと

Episode 4

新しい命が誕生！　新米母はクタクタボロボロ

　出産予定日である7月14日の6週間前にあたる6月3日から、いよいよ産前休暇に入ったさくら。妊娠前は仕事大好き人間だったはずなのに、今ではもうすぐやってくる未知なる出産という偉業に対して、仕事と同じくらいの興味関心が募り、お産に関する書籍を寅と一緒に読みあさっていました。「何ごとも全力で！」という、さくららしい産前休業の日々です。

さくら「とりあえず、しばらく仕事のことは忘れよ～っと！　だって出産は命がけだもんね。てか、文字通り命を生みだすんだもんね。こりゃ大仕事だわよ」

寅「おなかが大きくなってきて歩くのも大変そうだけど、子どもが生まれる前にやっておきたいことってある？」（⇒4-1）

さくら「うんとね、美容院行きたい！　産後は赤ちゃんのお世話で美容院に行けなくなるって友だちが言ってたから。あと、静かなフレンチのお店でゆっくり食べたいなー」

　両親学級に一緒に参加していただけあって、寅は出産間近のさくらに寄り添う理想の夫に見えました。赤ちゃんが生まれる前までは。

　2人であれこれいいながら準備を進め、予定日より1週間ほど早い7月7日に、さくらは無事元気な女の子を出産。7月に咲く百合の花にちなんで名前は「百合」に決定。

　サプライズは寅の上司である課長から、出産祝いが届いたことです。しかもかわいいファーストシューズ！

さくら「すごいっ!!　なんか、ものすごく気の利く上司じゃない？寅、産後パパ育休から復帰したら、バリバリ働いて、課長さんに恩返し

第4章　産休・育休中のこと

してね！」

寅「いやあ〜まいったな！　すんごい鬼課長で、いまだに家事育児は女性がやるもの！　って言う人なのになあ…なんか、コワイなあ…」

　周囲からの祝福を受け、改めて子どものいる喜びをかみしめる2人……ですが、初めての育児にさくらも寅もてんやわんや。寅がいてくれて超たすかる───と、さくらは寅に感謝する一方で、もやもやした思いもあったりするのでした。

寅「お風呂は、このぐらいの温度でいいのかな？　でもオレ、百合を入れるの怖いんだけど……」

さくら「あああーせっけんちゃんと泡立てて！　足の指の間もしっかり洗って！」

寅「ちょっと……ふにゃふにゃしてて壊れそう」

さくら「両親学級でやったこと思い出して！　わ、ほら、気持ちよさそうに笑ってるー！　かわいいい───」

寅「ほんとだ！　さくら、写真撮って、写真、早く！」

と、初体験の育児に、緊張しつつもはしゃぎまくる2人でした。

　退院して1週間したある日、さくら母がたずねてきました。

さくら母「さくら、どお？　慣れた？　赤ちゃんとの生活」

さくら「いや、それが……百合ちゃんはかわいいんだけど、生まれたての赤ちゃんのお世話がこんなに大変だとは。睡眠時間が全然とれないんだけど。おむつ交換とおっぱいで一日が終わっちゃうんだけど」

さくら母「最初のウチはそんなもんよ。まあ、産後1か月はみんな大変なのよ〜。それに、寅くんも手伝ってくれているんでしょ。私の時代は、男が育児なんてやるもんじゃない、女がやるもんだって風潮が主流だったから、あなたはまだ幸せよ」

と、さくら母は自分の時代と比べながら、さくらを励ましているつもりですが、産んで1か月も経っていないさくらは疲労マックス。実母にすがるように訴えました。

127

さくら「それはそうなんだけど……もう体力の限界。お母さん、ウチにしばらく泊まって手伝ってくれない？」

さくら母「え？　それはムリムリ。前もいったと思うけど私もちょうどマネージャー職に昇格したところで、超忙しいのよ。悪いわねーこうしてたまーに顔を見に来るのはいいんだけど。孫の育休制度でもあれば話は別だけどねえ」

　さくら母は専業主婦だったものの、子育てが一段落してからパートを始め、その仕事が性に合っていたらしく、会社で重宝されるように。さくらの大学入学と同時期に正社員に引き上げられ、バリバリと働くようになっていたのでした。

さくら母「寅くん、育休とっているんでしょ？　彼がいるじゃない。それにしてもうらやましいわぁ、夫婦2人で育児ができるなんて。私の時代は……」

と、また母の愚痴の繰り返しを聞かされるのは勘弁とばかりに、さくらは話題を切り替え、寅に期待をかけることにしました。

　そんなふうに毎日が追われるように過ぎていき、なんと育休の申出をすることをすっかり忘れてしまっていたさくら。

　出産から1か月ほどたったある日、総務課長からさくらのもとに連絡が寄せられました。

総務課長「そろそろ育休の申出期限だけどどうする？　続けてとるって言ってたよね？」

さくら「はっ！　忘れてた！　課長、ご連絡くださってありがとうございます！　えーと、百合ちゃんが7月7日生まれだから、来年の7月6日までって書けばいいのよね」

と、あせったさくらは、いつまで休むのかなど深く考えずに取得できる

第4章　産休・育休中のこと

マックスの日付を書いて会社に提出したのでした。（⇒4-3，4-5）

　それから数日たったある日のこと。

寅「百合も生まれたことだし、夏のボーナスで自転車買おうか？　ほら、保育園とかいくようになったら、子どもを乗せられるような電動自転車とか必要なんじゃない？　あと百合の新しい洋服も買おう！」

と明るくさくらに話しかけます。

さくら「そうだね、いいね。…あれ？　そういえば私の7月末のボーナスって入ってたっけ？」

　すぐに確認してみると、なんと7月末の入金額は0円！　まったく支払われていませんでした。

　「ええぇ？　なぜ？　忘れられている？　おかしいよね、これ」と思ったさくらは総務課長に聞いてみることに。すると、驚くべき返答が！

総務課長「お休み中の人にはでないですよ」

さくら「ええ？　7月末の賞与って、算定期間は1月～6月ですよね？　私、大半は働いてましたし、バリバリ働いてＡ評価ももらっていましたよ？　社内アワードで優秀賞ももらったのに、賞与が一切でないっておかしくないですか?!」

総務課長「さくらさんの言うことはわかるけど……そうは言っても給与規定に『支給日に就労している者にのみ支払う』って書いてあるからな～。ちょっと調べてみますね」

　総務課長は、例によって例のごとく労働局に相談してみました。

総務課長「また、かけちゃいました！」

コキン「はい、今日はいかがされました？」

総務課長「さくらさんが産休・育休中に賞与が支給されないのは、おかしいと言ってきまして」

コキン「御社の賞与の支給って、いつだったんですか？」

総務課長「7月末です」

129

コキン「算定期間は？」

総務課長「その前の１月〜６月です」

コキン「御社の就業規則には、産休・育休中の賞与について何か書いてありますか？」

総務課長「産休・育休という切り口では何も書いてないのですが、給与規定で支給日に就労していることというのが賞与の支給要件になってるんです」

コキン「そうなんですね。

　　⇒ 4−8 産休・育休中は賞与なし？

となっています」

総務課長「そうなんですね！　まったく悪気はなかったんですが。法律って難しいですね……」

コキン「ただ、法律はさておき、簡単な仮判定方法を１つお教えしちゃいますね。名付けて“なかったら判定”。たとえば、今日のご相談内容だと、“産休・育休をとってなかったら”どうなっていたかを考えてみてください。算定期間にばっちり働いていて、社内で表彰までされていて、みんなが賞与もらってるのに自分だけゼロ円ってことはないですよね」

総務課長「たしかに！　自分だったらとか、自分の妻だったらとかと考えたら、すぐわかることでしたね。うーん、深い。法律読んで脳がフリーズしてたけど、もっとシンプルに、人として…ですね」

コキン「はい！」

　そうして、さくらは無事ボーナスを手に入れ、めでたく電動自転車をゲットすることができました。

　百合もスクスク成長していきます。首もすわったので、近くの児童館の赤ちゃんスペースにでかけることが日課となり、そこでママ友とたくさん知り合うことができました。

　育児にもなれてだんだん余裕が出てきたこともあり、百合をつれて仕事仲間と食事をする機会に恵まれました。そこでさくらは、思わぬうれ

130

第 4 章　産休・育休中のこと

しい言葉をかけられます。

「さくらさん、いつ復職するんですかー？　４月からこんな企画が
あって、さくらさんとぜひ一緒にやりたいんです！」

さくら「わー、おもしろそう！　ぜひ一緒にやりたいですね！」

と、さくらは企画内容に興味をひかれたと同時に、「さくらさんとぜひ一
緒にやりたい」と、自分自身を求めてくれていることに、大きな喜びを
感じ、「よし、ぜったい４月に復帰するぞ！」と決めたのでした。

　11月に入り、翌年４月から百合の保育園入園を目指して、さくらはい
わゆる "保活" を開始。保育園の申請のため、区役所を訪れました。

さくら「次の４月からこの子、百合を近くの保育園に入れたいんですけ
ど…」

区役所「百合ちゃんのご両親の育休はいつまでですか？」

さくら「４月に復帰するから、４月に入園させたいのですが…」

区役所「育休申出書を会社に出しましたよね。そこには、いつからいつ
までって書く欄があったと思うんですが…」

さくら「あー、出しました！　育休申出書。百合の誕生日の前の日だか
ら７月６日までって書きました！」（⇒4-5）

区役所「７月まで？　……それでは４月の入園は難しいですね。入園の
月に復職の予定がない方は、入園の優先度はかなり低くなってしまいま
す。まあ、定員に満たなければ別ですが、そうしたことは滅多にないの
で…特に４月はみなさん目指されているので競争率が高いですね」

さくら「え！　そうなんですか!!」

区役所「会社が育休終了予定日を早めることに OK してくれるかもしれ
ないので、まずは会社に相談してみてはどうですか？」

　衝撃の事実にがっくり肩を落としたさくらは、育休終了予定日の繰上
げができないか会社に連絡してみることにしました。（⇒4-4）

総務課長「なるほど、早く復職したいわけですね。よし、何とかしてみ

131

るよ！　ちょっと時間もらえるかな」

　このころ、寅は仕事に打ち込んでいて、夜までワンオペ育児が続き、慣れない保活が難航したり、百合のぐずりが激しくなったりと、いろんなことが重なって睡眠不足のさくらは、イライラMAXに。それがとうとう爆発し、さくらは寅を前にして大泣きしてしまいます。

寅「ちょっと、さくら、どうしたの？　急に大泣きするなんて……」

さくら「急じゃない！　私、ずっと我慢していた！　確かに寅は産後パパ育休とってくれたけど、その後、私、ず―――っとワンオペだよ？　仕事仲間とランチしていると、自分が引き離されてしまった感もあるし、でも、そんな私に期待してくれている取引先の人がいることもわかったからがんばりたい！　と思っているのに、保活は思うようにいかないし…どうしていいかわからないのっ！　なんで私ばっかりこんなに苦労しなくちゃいけないの！」

寅「わ、わかったよ、さくら。確かにそうだよね。ぼく、産後パパ育休とったことでなんだか自分の責任果たしたような気がしちゃってて…すまない。すまなかった…そうだ！　ぼくも育休とることにするよ！　今の担当役員は、男性育休の取得率を上げようとしてくれているし、ちょうどいいからさ。1か月後くらいに、1週間の育休、どうかな？」

さくら「……会社の男性育休の取得率を上げるためじゃなくって、私、妻を助けるため、そしてわが子を健やかに育てるために、とってよ‼」

寅「い、いや、だから、そのためにとるんだけど…は、はい。そうします。必ず。ちょっと先になっちゃうけどさ。そこなら仕事の算段がつけられると思うから」

　さくらは寅に「ちょっとキツく言いすぎたかな」と思いながらも、すぐに「育休をとる」

第4章　産休・育休中のこと

と言ってくれた寅の心持ちがうれしくて、涙も引いていきました。

　産後はホルモンバランスの影響で、女性は気分的に浮き沈みが激しくなることがあります。ちょっとしたことでも落ち込んだり涙が出たり…「母になったんだからがんばろう！」と思って、いろんなことにムリしたり我慢したりしてしまうこともあります。それが積み重なってしまうと、こうして爆発してしまうことだってあるかもしれません。（⇒コラム　**働く女性の心とからだの応援サイト167頁**）

　寅の育休１週間の間は、取引先の担当者とひさびさに会ったり、のびのびだった髪を切りにいったり、友人とランチしたりと、リフレッシュしたさくら。

　寅は寅で慣れない育児に奮闘はしていたものの、赤ちゃんスペースに行くと案外と子連れのパパもいたりして、「近所にパパ友ができた」とうれしそう。百合が自分に笑顔を向けてくれると、これまた至福の時間にひたれるのでした。

　加えてリフレッシュして心穏やかになったさくらも、寅に向ける目が柔らかくなり、家庭内にも温かい空気が流れるようになりました。

　気の流れがよくなると、他のこともうまく回るようになるのか、総務課長から、「育休短縮、認めることにしたよ！」と喜ばしい電話が！

さくら「ありがとうございます！　考えが及ばずにご迷惑をおかけしました！　復職したらこれまで以上にがんばります！」

　４月の復職が認められたさくらは、改めて役所に申請を行い、４月入園の申込に応募することができました。

（第５章170頁へつづく）

133

4-1 産休突入！ 出産前にすべきこと

いよいよ産休に突入！ 出産後は慣れない赤ちゃんのお世話などで慌ただしいので、パートナーとお茶でもしながら、産前休業中に育休の計画を立てておくことをおすすめします！

妊娠中の女性は産前休業中、お仕事はお休みといえども、しておくべきことはいろいろあります！ ここでは、産前休業に入ったら、おなかの中で赤ちゃんがおとなしくしている間に準備しておくべきことをお伝えします。

1 出産後に必要な書類の準備

出産後、必要となる書類の一覧を示します。産婦人科医に書いてもらうものもあるので、あらかじめ必要書類をそろえて、入院グッズの中に入れておきましょう。

【出産後に必要な手続き】（⇒概要は4-2）
（1） 出生届の提出
（2） 出産育児一時金の申請
（3） 出産手当金の申請
（4） 産休中の社会保険料等免除の申出
（5） 育休の申出
（6） 育児休業給付金の支給申請
（7） 育休中の社会保険料免除の申出
（8） 児童手当金の申請
（9） 子の健康保険への加入
（10） 子の医療費助成

第4章　産休・育休中のこと

2　育児休業の計画

①の手続きのなかで、とくにしっかりとした計画・準備が必要なのが（5）育休の申出です。育休申出書には「○年○月○日から○年○月○日まで」と具体的な育休期間を書く必要があり（⇒3-10）、いったん提出すると期間の変更ができないこともあります（⇒4-4）。

保育園のこと（⇒4-5）、復職後の働き方（⇒第6章）、パパとのバトンのつなぎ方（⇒第7章）などの情報も収集して、ママ、パパはどんなペースで仕事をするのか考えてみてください。そして、育休をどうとるか、ということは、生まれてくる赤ちゃんはいつ保育園という小さな社会にデビューするのか、という大事な問題でもあります。ゆっくり未来予想図を考えておいてください。

＼ 現場より ／
手続きは、会社と従業員で協力して進めてください

　小さな会社だったり、その会社での育休第1号だったりすると、手続きがわかっていなくてトラブルになることって、じつは多いのです。従業員が手続きするものと会社が手続きするものがあり、提出のタイミングや提出先もいろいろです。

　「育休をとるのはいいけど、給付などの手続きがわからない」とおっしゃる社長さんもいますし、育休をとる本人が総務担当で、一人で悩んでいることもあります。健康保険や雇用保険など保険の種類もいろいろあって、ネットで調べても、これで大丈夫！　…なのかどうかわからないのです。

　現場で事案をみていると、必要なのは、法律よりも「はい！　手続きはこれでまるごとわかります！」という虎の巻みたいなものだよなぁと思うのです。だから、従業員と会社の担当者で協力して手続きを進めてもらいたくて、この4-1と4-2に情報をまとめました。次節で概要を理解したら、それぞれの手続きの詳細は、インターネットなどで調べてみるといいと思います。

135

4-2 出産後には手続きもたくさん

仕事をしている人、していない人、健康保険の人、国民健康保険の人、それぞれ必要な手続きは異なります。「自分に必要なのは、これでぜんぶ？」となってしまう人も多いので、まとめて説明します！

　前節で示した出産後に必要な手続き（1）～（10）について、抜け漏れなく手続きが進められるように、本節では、必要な手続きの項目と概要、問合せ先を紹介します。それぞれの手続きについての詳細は、問合せ先のホームページなどで確認してください。

（1）出生届の提出

　日本では赤ちゃんが生まれたら、役所に出生届を提出することが義務付けられています（戸籍法49条・52条）。届出の際に添付が義務付けられている出生証明書は医師等に作成してもらう必要があるので、退院までに記入・発行してもらうとよいでしょう。
【いつまで】出生の日から14日以内
【提　出　先】子の出生地・本籍地または届出人の所在地の市区町村

（2）出産育児一時金の申請

　健康保険や国民健康保険の加入者を対象に、被保険者及びその被扶養者が出産した時に1児につき最大50万円が支給されます。一時金の受け取り方法には、出産した病院への直接支払いや、産後に本人が受給するなど、いくつかあり、手続きも異なります。あらかじめ病院や健康保険組合等に確認しておきましょう。
【問合せ先】加入している健康保険組合・協会けんぽ（国民健康保険
　　　　　　の場合はお住いの市区町村）

第 4 章　産休・育休中のこと

（3）出産手当金の申請

　健康保険の加入者を対象に、被保険者が出産のため会社を休み、会社から給与が受けられないとき、出産手当金が支給されます。産前・産後に分けて、あるいはまとめて申請できます。申請書には医師等に記入してもらう欄があるので、退院までに記入してもらうとよいでしょう。

【いつまで】産後57日目以降（産後休業後）から２年以内（まとめて申請の場合）

【申　請　先】勤務先を通じて加入している健康保険組合・協会けんぽ

（4）産休中の社会保険料等免除の申出

　産休中について、申出により、社会保険（健康保険・厚生年金保険）や国民健康保険、国民年金の保険料は、負担が免除されます。保険料の免除を受けても、健康保険や国民健康保険の給付は通常どおり受けられます。また、被保険者の年金額を計算する際は、免除された期間分についても、将来、保険料を納めた期間として扱われます。

【いつまで】社会保険は産休中または産休の終了日から起算して１か月以内（国民健康保険・国民年金は出産予定日の６か月前から受付）

【申　出　先】勤務先を通じて年金事務所または日本年金機構事務センター（国民健康保険・国民年金はお住いの市区町村）

（5）育休の申出

　育休の制度や対象者については第３章で説明しましたが、育休をとるには、勤務先に書面で申し出ることが必要です。（⇒3-10）

【いつまで】育休開始日の１か月前まで

【申　出　先】勤務先あてに書面で申出

137

（6）育児休業給付金の支給申請

　育児休業給付金や出生時育児休業給付金は、雇用保険の被保険者が、育休を取得し、いくつかの要件を満たした場合に支給されます。

　申請にあたっては、受給資格確認の手続きと支給申請の手続きが必要です。前者は育児休業給付受給資格確認票や雇用保険被保険者休業開始時賃金月額証明書、育児を証明する書類（母子健康手帳や住民票の写し）等、さまざまな書類の準備をしなければなりません。後者は育児休業給付金支給申請書等を原則2か月ごとに提出します。

　また、育児休業給付金の申請手続は、原則として、勤務先を経由して行う必要があります（ただし、被保険者本人が希望する場合は、本人が申請手続を行うことも可能です）。

【いつまで】休業開始日から4か月を経過する日の属する月の末日まで（受給資格確認と初回支給申請を同時に行う場合）

　　　　　　2回目以降は原則2か月ごとに支給申請（申請期限は支給対象期間の初日から4か月を経過する日の属する月の末日まで）

【申　請　先】勤務先を管轄するハローワーク

（7）育休中の社会保険料免除の申出

　社会保険料については、育休中も産休中と同様に、申出によって負担が免除されます。1歳までの育休だけではなく、延長した育休も対象となりますが、延長の度に会社が免除の申出の手続きを行う必要があります。（⇒3-9）

【いつまで】育休中または育休等終了後の終了日から起算して1カ月以内

【申　出　先】勤務先を通じて年金事務所または日本年金機構事務センター

第4章　産休・育休中のこと

（8）児童手当金の申請

　児童手当金は0歳から高校卒業まで（18歳の誕生日後の最初の3月31日まで）の児童を育てている場合に、受けられます。

【いつまで】出生日の次の日から数えて15日以内

【申 請 先】お住いの市区町村（公務員の場合は勤務先）

（9）子の健康保険への加入

　生まれた赤ちゃんが病気などになったときに健康保険をつかうためには、パパかママの被扶養者として赤ちゃんを加える手続き（「健康保険被扶養者（異動）届」の提出）が必要です。

【問合せ先】勤務先を通じて加入している健康保険組合等（国民健康保険の場合はお住いの市区町村）

（10）子の医療費助成

　子どもが医療機関にかかった際に、その費用の一部または全部を自治体が助成してくれる制度です。市区町村により対象年齢や助成額は異なります。申請には健康保険証が必要になりますので、（9）の手続きが完了したらすみやかに行いましょう。

【問合せ先】お住いの市区町村

4-3 育休の申出期限は出産後1か月

「育休の申出書」で注意してほしいのは、「○年○月○日から○年○月○日まで」という日付。簡単には変更できないので、事前によく考えておきましょう。

1 育休の申出期限

　育休の申出は、開始したい日の1か月前までに、開始日・終了日を明記した上で、会社（事業主）あてに書面（会社が認めればFAXや電子メールも可）で行う必要があります（育介法5条1項6項・6条3項、育介則7条1項・2項）。（⇒3-10）

　たとえば、8月1日に出産した女性従業員が産休と続けて育休をとりたい場合、育休開始日は産休終了日（9月26日）の翌日である9月27日になります。そして、育休の申出期限は開始日の1か月前ですので、8月27日が申出期限となります。以下の図のとおり、産後の日が浅いうちに期限がくるということになりますから、ただでさえクタクタ・バタバタな産後期間に少しでも余裕を持てるよう、産前からの事前準備が大切です。

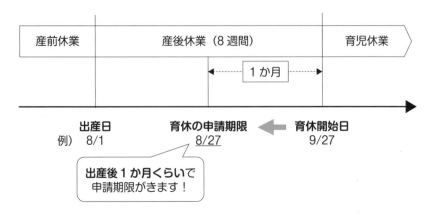

140

第4章　産休・育休中のこと

② 申出書を書くときに注意すること

　申出書を書くときに気をつけてほしいことが、いろいろあります。本書の以下の箇所で説明しているので、読んでみてください。

・申出書の記載内容や提出方法　⇒3-10
・申出書のモデル例　⇒参考資料4
・期間の延長や短縮についての注意点　⇒4-4
・保育園との関係　⇒4-5

③ 育休はMAXでいつまでとれるのか

　法律では、育休の対象について「1歳に満たない子」と定義しています（育介法2条）。具体的には、「子が1歳に達する」のは、「民法第143条に基づく期間の計算（暦日計算）及び年齢計算ニ関スル法律（明治35年法律第50号）」により、「いわゆる誕生日の前日午後12時」とされているので、たとえば令和4年4月1日に生まれた子が「1歳に達する瞬間」は令和5年3月31日の午後12時となります（育介法解釈通達）。すなわち、「子が1歳に達するまで」＝「1歳の誕生日の前日まで」育休はとれます。

＼教えて！／
育休の手続きが、わかりにくいのはなぜ？

　育介法5条は、どんな小さな会社でも就業規則に書いてなくても、従業員が法令どおりに「○年○月○日から○年○月○日まで育休します！」と書面の申出書を出せば、なんと！　会社はNoとは言えず、労務提供の義務が消えてしまうという強い法律です。

　会社としては、育休申出書が提出されるとそこに書いてある日から従業員がお休みになるので、代替の手配などが必要になります。ところが、代替の人がいるのに、育休をとった従業員が「やっぱり早く戻ります！」と言って戻ってきたら、人件費が二重になってしまいます。このため、申出書の提出期限、期間の短縮や延長については、細かい決まりがあるのです。

　ルールをよく理解して、「育休」を上手に使ってください。

4-4 育休の延長・短縮は要件を確認！

状況によっては育休の延長・短縮が必要になることもあると思います。じつはこれ、結構複雑なのです。ここでは3-3、3-10から延長・短縮の話を切りとって、深掘り解説します！

　本節では、以下で説明している3つの育休についてみたあと、それぞれの育休期間を延長・短縮する（繰り下げる・繰上げる）場合について解説していきます。

1　育休は3つある?!

　育休は、原則として「子が1歳に達するまで」（育介法5条1項）ですが、要件を満たした場合、1歳6か月まで（育介法5条3項）、さらに2歳まで（育介法5条4項）とることができます。以下、これらの育休を「1歳までの育休」「1歳6か月までの育休」「2歳までの育休」と区別してよぶことにします。

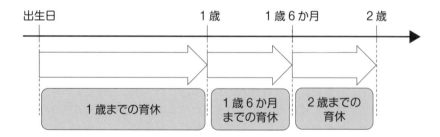

　たとえば2歳まで育休をとった場合、1つの育休を延長しているようにみえますが、育介法では、それぞれ別の育休として定められており、その都度申し出て育休をとることになります。すなわち、法律上は上の図のように「3つの育休」をとることになります。

第 4 章　産休・育休中のこと

　まず、「1 歳 6 か月までの育休」「2 歳までの育休」をとるための要件などからみていきましょう。

2　1 歳 6 か月までの育休

【必要な要件】

①　子が 1 歳に達する日において、いずれかの親が育児休業中であること（育介法 5 条 3 項 1 号）

②　次のいずれかの特別な事情があること（育介法 5 条 3 項 2 号・3 号、育介則 6 条）

　ⅰ）保育所等への入所を希望しているが入所できない場合

　ⅱ）1 歳誕生日以降も主に育児をする予定であった配偶者が、死亡、負傷、疾病等の事情により育児をすることが困難になった場合

③「1 歳 6 か月までの育休」を取得したことがないこと※（育介法 5 条 3 項 3 号）

3　2 歳までの育休

　「2 歳までの育休」取得に必要な要件は、「1 歳 6 か月までの育休」と基本的には同じです。1 歳を「1 歳 6 か月」に、1 歳 6 か月を「2 歳」に読み替えてください（育介法 5 条 4 項、育介則 6 条の 2）。

4　育休期間の延長・短縮

　続いて、「1 歳までの育休」「1 歳 6 か月までの育休」「2 歳までの育休」のそれぞれを延長・短縮する場合についてみていきます。

（1）育休期間の延長（終了予定日の繰下げ）

　育休は、1 つの育休につき 1 回、事由を問わず、それぞれの育休の範囲内（「1 歳までの育休」であれば 1 歳の誕生日の前日まで）で延長することができます（育介法 7 条 3 項）。

※「1 歳 6 か月までの育休」は 1 回しかとれないという意味。

143

これは「1歳までの育休」だけではなく、「1歳6か月までの育休」「2歳までの育休」についても、それぞれ1回、事由を問わず期間の延長が可能です（育介法解釈通達）。

（2）育休期間延長の手続き

「1歳までの育休」は当初の終了日の1か月前までに、「1歳6か月までの育休」と「2歳までの育休」は2週間前までに会社（事業主）へ変更の申出が必要です（育介則16条）。

（3）育休期間の短縮（終了予定日の繰上げ）

法律上の定めはなく、従業員の希望だけではできません。これは、会社側が代替要員を確保している場合、育休取得者が予定より早く復帰すると、代替要員と復帰した従業員とで人件費が2倍かかることになり、会社の負担増につながることがあるためです。

このため短縮を希望するのであれば、会社と従業員とでよく話し合い、会社の了解を得る必要があります。

5 育休の延長手続きの流れをまるごと解説

延長のしくみは複雑で、イメージがわかないかもしれないので、「1歳までの育休」期間を延長し（終了日の繰下げ）、その後、保育園等の要件を満たして1歳3か月までの育休をとった人が、さらに1歳6か月まで育休期間を延長（終了予定日の繰下げ）した場合を例に、育休延長の流れとその手続きはどうなるか、図で具体的に見てみましょう。

第4章　産休・育休中のこと

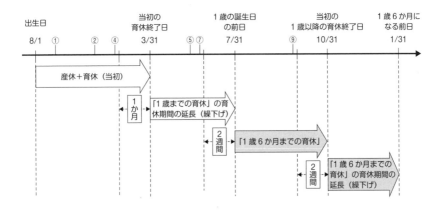

① 8月1日生まれの子について、4月の保育園入園を目指し、翌年の3月31日を育休終了日として申し出ました。
② 実際に保活をしてみたけれど、4月1日入園はできないという通知が2月に届きました。
③ この場合、2月28日（1か月前）までに育休期間の延長（育休終了日の繰下げ）を申し出なければなりません。
④ 「1歳までの育休」は子の1歳の誕生日の前日まで取得できますので、最長の7月31日まで延長しました（「1歳までの育休」の繰下げ）。
⑤ 8月から保育園に入りたいと申込をしたけれど、また入れないという通知を受けました。
⑥ このように、8月1日から保育園に入れない、となった場合は要件を満たすので「1歳6か月までの育休」が取得できます。
⑦ このとき、7月18日（「1歳6か月までの育休」開始予定日の2週間前）までに申出をする必要があります。今回の申出では10月31日（1歳3か月）を育休終了日としました（「1歳6か月までの育休」の申出）。
⑧ 11月の入園希望の申込をしたけれど、やはり11月1日から保育園には入れないとなった場合、「1歳6か月までの育休」の期間を延長すること（育休終了日の繰下げ）が可能です。
⑨ このとき、10月17日（「1歳6か月までの育休」終了予定日の2週間前）までに申出をする必要があり、最長で1月31日まで延長することができます（「1歳6か月までの育休」の繰下げ）。

145

6 期間延長手続きに必要な書類

　本節では、見た目は同じ育休期間の「延長」でも、法律上は、①「1歳6か月までの育休の申出」（⇒ **2** ）、②「2歳までの育休の申出」（⇒ **3** ）、③「終了予定日の繰下げ」（⇒ **4** ）があるということを説明してきました。

　これらの「延長」のうち、③には要件がないので、どんな理由であっても申出書を期限内に出せば延長できますし、確認書類の添付も要りません。

　一方、①と②については、育休期間を1歳以降に延長できるのは、「保育所等への入所を希望しているが入所できない場合」などに限られるので、会社は、要件を満たすことを確認するために、「市区町村が発行する保育所等の利用ができない旨の通知書」などの確認書類の提出を求めることができます（育介則）。

　また、1歳以降も育児休業給付金を受給するには、ハローワークにも「市区町村が発行する保育所等の利用ができない旨の通知書」などの確認書類提出する必要があります。この手続きについて、令和7年4月1日から、「保育所に入所できないから延長」する場合は、さらに「本人が記載する申告書（育児休業給付金支給対象期間延長事由認定申告書）」「市区町村に保育所等の利用申し込みを行ったときの申込書の写し」が必要になります。これらの書類は、会社を経由してハローワークに提出することになります。

　詳しくは、最寄りのハローワークにおたずねください。

第4章　産休・育休中のこと

教えて！「1歳6か月までの育休」はなぜできたの？

「1歳6か月までの育休」は、保育園は4月の入園はしやすいけれど、それを逃すとなかなか入園できないことが多いため、何月に生まれても子どもが1歳になるころまでは育休がとれるように設けられた制度です。

○たとえば4月生まれの子と1月生まれの子を比べると…

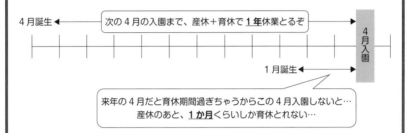

4月に入園しようとすると、4月生まれの子は約1歳まで育休をとれる一方で、1月生まれの子は生後約3か月で保育園に入れなければならなくなります。そこで、「子が1歳になるまで育休をとった人が1歳時点で保育園に入れない場合は1歳6か月まで延長できる」という特例を設けることで…

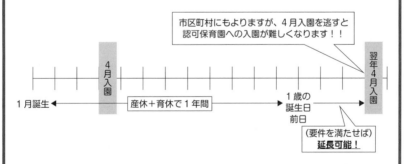

このように、保育園の入園タイミングを気にして法律では1歳までとれるはずの育休が短くなってしまうことがないよう、子どもが何月に生まれても、要件を満たせば1歳前後まで育休がとれるようになります。

4-5 保育園入園と育休期間はセットで

育休申出書に「とりあえず1歳まで」と書いてしまい、保育園に入園できなかったというトラブルが増えています。そうならないよう、育休のしくみをおさえておきましょう！

この節では保活（子どもが保育園に入園できるようにするための活動）と関係のある育休のしくみについて解説します。

1　「とりあえず1歳まで」は危険

育休申出書は、開始日の1か月前までに会社（事業主）へ提出する必要があり（育介法6条3項）、終了予定日（復職予定）を明記しなければなりません（育介法5条6項）。

一方で、保育園の入園に関しては、自治体ごとに募集要件や入園タイミングが決まっています。たとえば、東京都千代田区の場合はほぼ毎月入園を申し込めますが、育休中の場合は「復職予定月から」という要件があります。

このため、比較的入園しやすい4月は多くの人が入園を希望しますが、「とりあえず1歳まで」という申出をしてしまい復職予定月が4月でない場合、4月入園の申込はできないことになります。

救済措置として、自治体によっては「育休の終了予定日が入園希望月より後であっても、就労証明書の育休短縮可否欄において、『短縮可』となっている場合には申し込み可能」としていることもあります。

2　4月入園を目指す場合

育休の短縮が認められていない会社であれば、従業員は4月入園を

見越して、育休の終了予定日を4月中旬とした申出をしておき、もし4月に入園ができなかった場合は、終了予定日の繰下げで延長するという方法がおすすめです。(⇒4-4)

入園希望が通らなかった場合でも、1歳までの育休であれば1か月前に変更届を提出し、終了日の繰下げを申し出れば大丈夫です。入園1か月前には入園の可否は判明しているはずですので、次回いつごろの入園を目指すかを考えたうえで、変更届を提出しましょう。

3 「慣らし保育」という存在

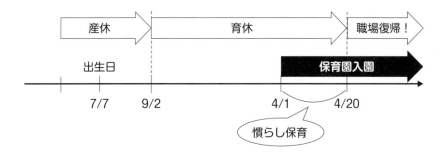

4月入園をめざす場合、育休終了予定日を4月何日にすればよいか、もう少し詳しくみていきましょう。

入園できても、保育園に慣れるため、2週間くらいかけて通常の保育時間よりも短い時間で通園する「慣らし保育」があります。職場復帰して早々に、毎日早退するのも大変なので、慣らし保育が終わってから復帰できるように、育休期間を4月中旬までとするのがおすすめです。4月に1日も就労しないと退園になる自治体も多いので、4月20日を目安に育休の終了予定日にするとよいかもしれません。ある程度慣らし保育の期間を確保できる上に、復職後ちょっとしたらゴールデンウィークもきます。もし入園希望が通らなかった場合でも、先述のように、育休の終了日の繰下げを申し出れば大丈夫です。

育休からの復職のタイミングについては、パパの育休についても、ぜひ検討してみてください。(⇒第7章)

4 会社の担当者も知っておくことでリスク回避

　会社にとっても、「とりあえず1歳まで」育休の申出はリスクです。4月入園を希望する従業員からの「終了予定日を繰上げたい」という相談を認める場合、すでに代替要員を確保していると、二重の人件費となることも多いと思います。しかし、繰上げを断ってしまうと、4月入園を逃した従業員の復職がどんどん遅くなってしまうかもしれません。

　従業員にとっては初めての育休であることも多く、手続きには不慣れであったりするため、人事担当者からアドバイスしてあげられるといいですね。

第4章 産休・育休中のこと

教えて！
キャリアと育休期間

　　　　育休のとり方は人それぞれですし、生まれてきた子の生育状況に左右されることも多々あります。しかし、仕事を続けていくうえでは、休業期間が長くなれば長くなるほど、配置先に与える影響が大きくなるだけでなく、育休を取得した本人が仕事内容などさまざまな職場の変化にキャッチアップできなくなって苦労してしまう、という面もあります。

　このため、浦島太郎になってしまわないように「なるべく早く復帰したい」という人もいるでしょう。一方で、子育ての時間をしっかりとるために「今はペースダウンしたい」という人もいるでしょう。

　出産直後には育休の取得期間を決めなければならず（⇒ 4 - 3）、そのときはなかなか復職するイメージを持てないかもしれません。しかし、復職後も育児と仕事を両立するためのさまざまな制度が法律面からも整備されてきており、妊娠・出産・育児を経て働くことを応援する環境が整えられてきています。（⇒第6章）

　もともと育休は1歳前日までを予定した制度で、どうしても保育園に入園できなかった場合に、特例として最大2歳まで延長することができるものです。これは、保育園への入園と職場復帰をセットで考えて育休を取得できるよう、制度が整えられている、ともいえます。

　育休期間については、自分の今後のキャリアや人生を考えつつ、家族ともよく話し合って決めてほしいと思います。

　保育園と育休の関係は難しいですが、パパ・ママがいつ職場に復帰するのかという問題であるのと同時に、子どもが保育園という小さな社会にいつデビューするのかという大事な問題でもあるので、しっかり考えておきましょう。

151

4-6 産休・育休中に解雇？

【不利益取扱い⑥】

生まれたての赤ちゃんを抱えながら「クビ！」と言い渡されるなんて、そんなのアリ？ 産休・育休中の解雇については複数の法令で規制されています。わかりにくいのでここで改めて解説します。

産休・育休中の解雇は、産休・育休で仕事をしていない期間中に解雇されるということなので、「産休・育休と因果関係がある解雇であり、均等法9条3項及び育介法10条違反！」と判断される可能性が高いと考えられます。

さらに、解雇のタイミングによっては、労基法19条や均等法9条4項の適用もあります。（⇒第0章 ⑦）

この節では、産休・育休との因果関係、解雇のタイミングの2つにわけて説明します。

1　産休・育休との因果関係

産休・育休と因果関係があり均等法9条3項及び育介法10条違反と判断されるのはどのような場合なのか、産休・育休中の解雇でも法違反とならない場合があるのかについて、考え方のポイントを「3 step 判定（⇒15頁）」にそって説明します。

■ **3 step 判定** ■ …その取扱いは法違反（＝禁止）か？

> **step 1** 判定ボードの準備
>
> 「禁止パターン12×12」（⇒10-11頁）から選択し、判定ボード A と B を埋める。

第4章　産休・育休中のこと

▶判定ボード◀

> A　⑤⑩産休・育休の取得　を理由とする
> B　①解雇　に該当する場合、
> すなわち、A と B に因果関係がある場合は法違反です。

step 2　なかったら判定

「A がなかったら、B は起きていたか？」と考えてみることにより、因果関係をチェックする。

① **明らかに因果関係がある**

〈例〉産休・育休中の従業員から順にリストラの対象になった。

> ▶産休・育休中だったから、まずリストラの対象（解雇）になったので、明らかに因果関係があります。その取扱いは法違反（＝禁止）です！

② **因果関係がわからない又はないようにみえる**

〈例〉事業縮小による店舗の閉鎖が決まり、対象店舗の従業員を全員整理解雇することになったが、その中に産休・育休中の従業員がいた。

> ▶事業縮小が理由であり産休・育休とは因果関係がないようにみえますが、だからといって産休・育休中の従業員を解雇してもよいのかどうか、わかりません。この例については「step 3 ダメ押しチェック」で考えてみましょう。

step 3　ダメ押しチェック

解釈通達の考え方にそって、法違反の有無について判定する。

▶解釈通達◀

> ①　A と B が時間的に近接していて
> ②　２つの例外のどちらにも該当しない場合は、
> 「A を理由とする B」（＝法違反）とみなす。

153

①　時間的に近接しているか？

「産休・育休中に解雇された」のですから、 A と B は時間的に近接しています。

②　2つの例外に該当するか？

例外1「特段の事情」がある　　□ 該当する　　□ 該当しない

「リストラ」のような経営事情に基づく判断だとしても、産休・育休で休んでいる従業員から順に解雇の対象とするような取扱いは法令で保護された産休・育休中の従業員を「解雇せざるを得ない特段の事情」とみなされる可能性は低いと考えられます。

一方、同じ経営判断でも、具体的に整理解雇等が予定され、経営会議で店舗従業員全員の解雇を決定し、その解雇対象の従業員がちょうど産休・育休中であったような場合は、「例外1」に該当する可能性が高くなります。ただし、ほとんどの従業員は他の店舗や部署に異動させるのに産休・育休中の従業員は異動対象外で解雇、となるとそれは「例外1」に該当するのか検討が必要です。

例外2「真の同意」があった　　□ 該当する　　□ 該当しない

社内情報から遠ざかっている産休・育休中にリストラによる解雇通知が届くと、従業員は仕方ないと思ってしまったり、「すぐに退職届にサインしたら退職金を上積みする」などと言われたらサインしてしまうかもしれません。

「真の同意」の有無については、このような外形上の同意ではなく、 B による「不利な影響（従業員が失うもの）」と「有利な影

響（従業員が得るもの）」を比べ、会社からの十分な説明についても加味したうえで、「一般的な他の人でも同意するかどうか」について客観的に判断する必要があります。

▶例外１、例外２の両方とも「該当しない」に☑がついた場合は法違反（＝禁止）です！

2　解雇のタイミング

産前産後休業の期間及びその後の30日間は、労基法19条で解雇は制限されているので、産休・育休との因果関係があってもなくても、解雇することはできません。また、均等法９条４項では、妊娠中及び産後１年を経過しない女性労働者に対してなされた解雇は、妊娠等を理由とする解雇ではないことを事業主が証明しない限り無効とされています。

解決への道しるべ

産休・育休中の解雇は
会社にとってハイリスク

　従業員は、産休・育休中に解雇されてしまうと、そこで育児休業給付金がストップして無収入となり、別の会社に就職しようと思っても子どもがまだ０歳児で難しい……と大ピンチに陥ります。左頁の例外２「真の同意」のてんびん図でイメージしてみてほしいのですが、従業員は失うものが多すぎてあきらめきれず、トラブルになることが多いのです。

　会社の方には、産休・育休中で賃金や社会保険料が発生しないのに、あえて今解雇しないといけないのか？　とよく考えてみることをおすすめします。

4-7 産休・育休中に雇止め？

【不利益取扱い⑦】

有期契約で働いていると、育休中に契約が切れるんじゃないかと心配ですよね。でも、育休中にいきなり「雇止め」なんてこと、許されるんでしょうか？

「雇止め」とは、1年や半年ごとなどの雇用契約更新を繰り返している従業員の契約を更新せず、雇用関係を終了させることです。産休・育休中の従業員にとっては、公的給付が受けられなくなったり、子どもが保育園を退園させられたりして、解雇と同じダメージを受けます。

<u>「解雇」</u>ではないので、直接に労基法19条および均等法9条4項の適用はありませんが、産休・育休中の「雇止め」は、産休・育休と因果関係があり均等法9条3項および育介法10条違反となる可能性が高いと考えられます。（⇒第0章 7）

どのようなケースが法違反にあたるのか、法違反にならないケースもあり得るのかについて、考え方のポイントを「3 step 判定（⇒15頁）」にそって説明します。

■ 3 step 判定 ■ …その取扱いは法違反（＝禁止）か？

step 1　判定ボードの準備

「禁止パターン12×12」（⇒10-11頁）から選択し、判定ボード A と B を埋める。

▶判定ボード◀

　A　⑤⑩産休・育休の取得　　を理由とする
　B　②雇止め　　　　　　　　に該当する場合、
すなわち、 A と B に<u>因果関係がある</u>場合は法違反です。

第4章　産休・育休中のこと

step 2 **なかったら判定**

「　A　がなかったら、　B　は起きていたか？」と考えてみることにより、因果関係をチェックする。

① **明らかに因果関係がある**

〈例〉「次の契約期間がすべて育休で出勤しないなら、今回は契約更新できない」と言われた。

▶産休・育休を取得していなかったら雇止めにならなかったはずです。その取扱いは法違反（＝禁止）です！

② **因果関係がわからない又はないようにみえる**

〈例〉「経営が厳しいので契約更新できない！」と言われた。

▶経営状況を理由としていて因果関係はないようにみえますが、産休・育休中でなければ雇止めにならなかったかもしれません。この例については「step 3 ダメ押しチェック」で考えてみましょう。

step 3 **ダメ押しチェック**

解釈通達の考え方にそって、法違反の有無について判定する。

▶**解釈通達**◀

①　　A　と　B　が時間的に近接していて

②　２つの例外のどちらにも該当しない場合は、

「　A　を理由とする　B　」（＝法違反）とみなす。

① **時間的に近接しているか？**

「産休・育休中に雇止めされた」のですから、　A　と　B　は時間的に近接しています。

157

② 2つの例外に該当するか？

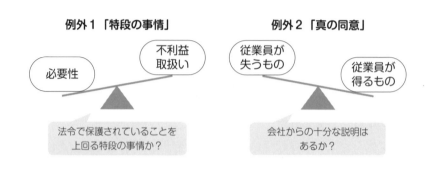

例外1「特段の事情」がある　　□ 該当する　　□ 該当しない

　「経営が厳しい」といっても、具体的に整理解雇、役員報酬や賃金減額などの予定が何もないような場合は、法令で保護された産休・育休中の労働者を「雇止めせざるを得ない<u>特段の事情</u>」とみなされる<u>可能性は低い</u>と考えられます。

　一方、経営会議で工場閉鎖に伴うパート社員全員の雇止めが決定し、雇止め対象の中に産休・育休中のパート社員も含まれているような場合は、「例外1」に該当する可能性が高くなります。ただし、ほとんどのパート社員が隣町の工場に異動するような場合、産休・育休中のパート社員が異動対象外となり雇止めされることは<u>「雇止めせざるを得ない特段の事情」</u>に該当するのか、について検討が必要です。

例外2「真の同意」があった　　□ 該当する　　□該当しない

　産休・育休中に「経営事情による人員削減のため今回の契約更新はありません」という通知文書を受け取ると、パート社員は仕方ないかと思い、異議を唱えないかもしれません。

　「真の同意」の有無については、このような外形上の同意ではなく、　B　による「不利な影響（パート社員が失うもの）」と「有利な影響（パート社員が得るもの）」を比べ、会社からの十分な説明についても加味したうえで、「一般的な他の人でも同意するかどうか」について客観的に判断する必要があります。

　▶例外1、例外2の両方とも「該当しない」に☑がついた場合は<u>法</u>

第4章　産休・育休中のこと

違反（＝禁止）です！

> **解決への道しるべ**
>
>
> ### 産休・育休中は雇止めにも多くの法的な制約があります
>
> 　産休・育休中の雇止めは、法律上は、解雇と同じくらい厳しく制限されているのですが、雇止めが問題になるケースは多くあります。
> 　会社が「次の契約を結ばないだけ」と簡単に考えて、雇止めにしてしまっているケースが多いのですが、ふだんから契約更新の条件を厳しくしている会社で、トラブルが多く生じているようです。
> 　ここで、法改正の流れをみてみましょう。平成7年4月1日に全ての事業所で育休が取れるようになった10年後、平成17年4月1日から有期契約労働者も育休の対象になりました。これは、日本では有期契約を更新し続けて長年にわたって同じ勤務先で働いている人が多いという実態があった、という背景があります。
> 　そして、育休とは、雇用契約を継続したまま一定期間の労務提供義務を消滅させるものなので、有期契約労働者が育休をとって復職して働き続けるためには、労務提供のない産休・育休中も正社員などと同じように雇用関係が継続する必要があるわけです。
> 　会社で人事管理を行う方は、トラブルを回避するため、そもそも日本には労契法19条※があって合理的な理由もなく雇止めはできないことに加え、均等法9条及び育介法10条の制約がかかるのだということを理解しておく必要があります。
> 　そして、どんな働き方をしている人でも「子どもを持ちたいし仕事もしたい」という希望をかなえられるような社会になってほしくてこんな法律ができたのだ、ということに思いをはせてほしいと思います。

※労契法19条（要約）
　一定の要件（過去に契約が反復更新されており無期契約の解雇と社会通念上同視できる、契約更新の期待に合理的理由がある）に該当する場合、使用者が雇止めをすることが「客観的に合理的な理由を欠き、社会通念上相当であると認められないとき」は、雇止めが認められません。従前と同一の労働条件で、有期労働契約が更新されます。

4-8 産休・育休中は賞与なし?
【不利益取扱い⑧】

産休・育休中は、支給日に出勤してないから賞与はゼロ円!? …休む前に働いていたがんばりはちゃんと評価されるのか…などについて解説します!

　産休・育休中に賞与が支払われないというトラブルについて、法律上どのようなことに注意する必要があるのか、まとめて説明します。

1　まずは、「3 step 判定」

　産休・育休中の賞与不支給などの取扱いが法違反かどうかはケースごとに判断されるものですが、考え方のポイントを「3 step 判定（⇒15頁）」にそって説明します。

■ 3 step 判定 ■ …その取扱いは法違反（＝禁止）か?

step 1 判定ボードの準備
「禁止パターン12×12」（⇒10-11頁）から選択し、判定ボード A と B を埋める。

▶判定ボード◀
　A　⑤⑩産休・育休の取得　　　　　　　　　　　を理由とする
　B　⑧賞与において不利益な算定を行うこと　　に該当する
場合、すなわち、 A と B に因果関係がある場合は法違反です。

step 2 なかったら判定
「 A がなかったら、 B は起きていたか?」と考えてみることにより、因果関係をチェックする。

第4章　産休・育休中のこと

① 　明らかに因果関係がある

〈例〉支払日に産休・育休中の人には賞与は払わないという規定がある。

▶賞与不支給の理由は、ずばり産休・育休なので、明らかに因果関係があります。その取扱いは<u>法違反（＝禁止）です！</u>

② 　**因果関係がわからない又はないようにみえる**

〈例〉賞与は算定期間の出勤率が8割以上の従業員に支給するという社内規定があり、算定期間のうち3割が産休・育休であったため支給されなかった。

▶「出勤率」を理由としていて因果関係がないようにみえますが、「出勤率8割以上」という基準を満たさなかった理由は明らかに産休・育休の取得なので、　A　と　B　の間には因果関係はあるといえます。

　このように、産休・育休中の賞与不支給については、因果関係があるかないかが論点ではないことが多いため、本節においては、「step 3 ダメ押しチェック」は省略し、どのようなケースが法違反（＝禁止）になるのか、判断のポイントを説明します。

2 　判断のポイント

（1）法律、指針などで定められていること

　まず、法律では「事業主は、産休・育休を取得したことを理由として、従業員に解雇その他不利益な取扱いをしてはならない」（均等法9条3項、育介法10条）と定めており、指針において「不利益な取扱い」の中には「賞与等において不利益な算定を行うこと」が含まれると規定されています（性差別指針第4の3、育介指針第2の11）。

　具体的にどのような算定方法であれば許容されるのかについて、指針では、産休・育休を取得した日について賞与の算定にあたり現に勤務した日数を考慮する場合に<u>休業した期間に相当する日数分は日割りで算定対象期間から控除する</u>ことなど、もっぱら産休・育休により労務を提供しなかった期間は働かなかったものとして取扱うことは違法

161

にはならないとしています。すなわち、「休業期間に相当する日数を超えて働かなかったものとして取扱う」（＝ノーワークノーペイの範囲を超えて減額する）と法違反となると定めています（性差別指針第4の3、育介指針第2の11）。

では、産休・育休中の賞与不支給で多い2つのケースについて、これらの規定をあてはめて、チェックしてみます。

（2）支給日に産休・育休中の人には支給しないこと

賞与は法律に基づいて支払い義務があるものではありません。就業規則で賞与支給や支給基準が定められていると、その規定により賞与の支払い義務が生じるものであり、どのような基準で賞与を支払うかは会社の自由です。

賞与には功労報償的性格、賃金の後払い的性格、将来の労働への期待などの性格があると考えられており、算定期間に貢献があっても支給日にすでに退職していたり私傷病で休職している従業員には賞与を支払わないことにしている会社も多いようです。

このような会社においても、産休・育休は法律で保護された権利なので、他のケースと同じように扱い賞与を不支給とすることは法違反です、というのが均等法9条3項及び育介法10条の考え方です。

（3）出勤率〇％以上の人だけを支給対象とすること

功労への報償を目的として賞与を支払っている会社などでは、従業員の出勤率を上げるため、出勤率の低い人には賞与を支給しないと規定している場合もあるかもしれません。

しかし、「出勤率90％」を賞与の支給要件としている会社で出勤率を計算する際に、産休日数を分母の「出勤すべき日数」には加算し、分子の「出勤した日数」には加算しない取扱いにより賞与を支給しないのは違法、とした最高裁判決もあります（⇒参考資料6　東朋学園事件）。

産休・育休という法令で保護された休みについては、私傷病休職や他の欠勤などと同様には扱えないのです。

162

> **解決への道しるべ**

産休・育休中の賞与
がんばった分、ちゃんともらえてますか？

　産休・育休を理由とする不利益取扱いが禁止されたのは、「そんな目にあうなら産休・育休なんてできない！」と取得をためらうことを防ぐためです。そして、賞与については、産休・育休をとってから、「えー！そんなのひどい！」と気付くことが多くあります。
　以下の図をもとに、皆さんの勤務先の規定をあてはめたらどうなるか、チェックしてみてください。

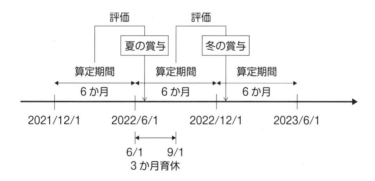

　たとえば、2021年12月1日～2022年5月末日の算定期間フルに勤務して評価もよかったのに、賞与支給日に育休中だからという理由で、夏の賞与がゼロ円に。さらに、復帰後の冬の賞与は、2022年6月1日～2022年11月末日の算定期間の出勤率が50％だから評価対象外で賞与ゼロ円に、などというしくみになっていませんか？
　育休をとったのはたった3か月間なのに、1年間、賞与ゼロ円になってしまうなんて、おかしい！　と思いますよね。
　賞与については、男性が短い期間の育休をとるようになってから、「おかしくない?!」と気付くことが多くなった気がします。女性は1年間など長期間休むことが多く、そんなものかと思っていたかもしれず、そうすると前例が積み重なり、会社も「これまでの人もみんなそうだから」という理由で従前のやり方を変えていなかったのかもしれません。会社の方には、ぜひ、規定を見直してほしいと思います。
　法律はさておいても、賞与がもらえず、従業員のモチベーションが下がってしまうのは、会社にとっても得策ではないはずです。

163

4-9 産休・育休と年次有給休暇

産休・育休中にも年休は発生するもの？ 産休・育休と年休の関係や、休みのとり方について、年休のイロハから解説します！

1 年休とは

年休（年次有給休暇）とは、週休日等とは別に、従業員の心身のリフレッシュを図ることを目的とした、賃金が保障された休暇制度です。「うちの会社には年休なんてない」という人がときどきいますが、労基法で決められた休暇なので、どんなに小さな会社でも、就業規則に書いてなくても、右頁の表の日数だけとることができます。

2 年休の発生要件

① 継続勤務が6か月以上であること
② 全労働日の8割以上を出勤していること
の2点をクリアしている従業員であれば、雇用形態に関わらず、所定労働日数に応じた日数が付与されます（労基法39条1項）。

3 出勤率

上記②の出勤率は、「出勤した日÷全労働日」で計算します。
　分母となる「全労働日」とは、就業規則等で労働日として定められた日のことで、一般的には総暦日数から所定休日と会社理由の休業日（創立記念日など）等を除いた日をいいます。分子となる「出勤した日」は実際に出勤した日をいいます。

第4章　産休・育休中のこと

4　出勤とカウントすべき日

　出勤率を計算する際には、「産前産後休業」「育児休業」「産後パパ育休」は出勤した日としてカウントしなければなりません（労基法39条10項）。このため産休・育休を取得したことによって出勤率が下がることはありません。

5　付与日数

　いわゆる正社員などで、週所定労働時間が30時間以上または週所定労働日数が5日以上の従業員（パート・アルバイト含む）の年休の付与日数は、以下の表のとおりです（労基法39条2項）。

継続勤続期間	0.5年	1.5年	2.5年	3.5年	4.5年	5.5年	6.5年以上
付与日数	10日	11日	12日	14日	16日	18日	20日

　パート・アルバイトなどで、週所定労働時間が30時間未満かつ週所定労働日数が4日以下の従業員（上記に該当する人は除く）は、比例付与になります（労基法39条3項）。

6　育休中に年休はとれるか

　育休中に年休をとることはできません。年休は、「労働義務のある日」に休みを請求するものです。育休中は、労働義務が免除されているので、年休をとることはできないのです。これは産休も同様で、産前休業を請求した期間及び産後休業中は年休はとれません。
　一方で、産後パパ育休（⇒第7章）については、労使協定を締結している場合に限り、休業期間中の就労が認められています。この就労日は労働日となるため、産後パパ育休開始後に急遽休まざるを得なくなった場合に、年休を取得することは可能です。

165

教えて！
産休・育休から復帰したとき、年休がないと不安です！

　子どもの保育園が決まって、いよいよ出勤！　となったその日に、子どもが熱を出してしまい、会社を休まなければならなくなることもあります。だから、「産休に入る前の時点で、年休を残しておこう」と思う人も多いようです。

　でも、じつは産休・育休中も、年休の付与に関しては出勤していたものとみなされ、勤務していたときと同じように年休がもらえるのです。だから、無理に年休を残しておく必要はないのです。

　たとえば、4月1日に年休が一斉に付与される会社で働いている勤続6.5年以上の従業員が、4月5日に出産した場合を考えてみましょう。出産直前の4月1日は産休中ですが、産休直前まで勤務していたのであれば年休が20日付与されます。そして、出産から1年後の翌年4月5日に職場復帰したとすると、職場復帰の直前の4月1日にも20日の年休が付与されます。

　このため、仮に産休に入る前に年休を使い切ってしまっていたとしても、40日間の年休を保持した状態で職場復帰できる！　ということになるのです。

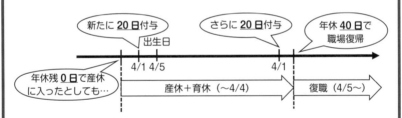

　産休に入る前の妊娠中は、体調が悪くなることが多いかもしれません。無理せずに、上手に年休を使って身体を休めることができるといいですね。

COLUMN

働く女性の心とからだの応援サイト

　厚生労働省では、働く女性の健康や妊娠・出産をサポートするため、WEB上に「働く女性の心とからだ応援サイト」を開設しています。

　本サイトには、企業担当者の方や女性従業員向けに、女性特有の健康課題や妊娠・出産などに関するさまざまな情報が掲載されています。

　自分が今妊娠何週で、その時期何に気を付けたらよいか教えてくれる「妊娠週数・月数の自動計算」や、出産予定日を入力すると、産休や育休がいつからいつまでなのかを教えてくれる「産休・育休自動計算」といったシミュレーション機能のほか、働く女性の健康に関する研修会の案内や企業の取り組み事例を発信しています。医師や社会保険労務士といった専門家による相談窓口も設置されていますので、是非ご活用ください。

| 働く女性の心とからだの応援サイト | 検索 |

URL：https://www.bosei-navi.mhlw.go.jp/

第 5 章

職場復帰

Episode 5

せ、席がない〜〜　シゴトしたいのに

　さて、４月１日、いよいよさくらの職場復帰の日となりました。さくらの復職と百合の入園・慣らし保育にあわせて、実はゴールデンウィーク前までの１か月弱の２回目の育休を取得中！

　じつは寅は、赤ちゃんスペースで知り合った先輩パパ友たちと情報交換していて、その中でいかに「育休してよかったか」の体験談を多く聞かされていたのでした。

　目から鱗だったのは、一見仕事とは無関係の育児（子どもとの付き合い）が、仕事にも役立つという話。話の通じない相手に、いかにわかりやすく伝えるかといったコミュニケーションスキルにつながる例や、保育園のお迎えまでに仕事を終わらせなくてはならないために時間管理がうまくなった例など、プラスの話がほとんどで、寅は復帰後の自分の成長具合が楽しみになるほどでした。

　そんな前向きな思いとともに愛娘・百合を抱えた寅は、温かいまなざしでさくらを送り出しました。

　さくらのほうは…久々の満員電車も、「よし、これから仕事だ！」と、彼女の仕事エンジンを加速してくれます。ところが…職場についたさくらは驚愕！　なんと後輩Ａ子が、元々さくらが座っていた席にいるではありませんか！　さくらは入口で凍り付きました。

　「Ａさん…主任になったの?!　え、じゃあ私の席は？」と、心は今にも泣き出しそうです。
後輩Ａ子「あ！　さくらさん、おかえりなさ〜〜い！　復帰早々申し訳ないんですけど、いろいろご相談したいことがありまして〜」

170

第 5 章 職場復帰

　後輩 A 子は休職前と変わらず、さくらを慕っている様子。自分はいったいどこに座ればいいのか、どういう立場で相談にのればいいのか、状況を図りかねていると、ドタバタとだれかが走ってくる音が聞こえてきました。総務課長です。
総務課長「さくらさん！　ごめんなさい！　説明し損ねていました！」
　何のことかよくわからずに、呆然と立ち尽くすさくらに、総務課長は申し訳なさそうに続けます。
総務課長「さくらさん、席がなくて戸惑ってちゃってたよね？　じつは…7月に復職と思ってたので7月までは後輩 A 子さんと派遣社員の体制でいこうと思っていたんですよ。それが、4月に変更になったから、いろいろ間に合わなくって…」
さくら「ああ、そうだったんですね！　確かに私が変更申請したのは、秋ごろでしたもんね…かえって混乱させてしまい、申し訳ないです」
総務課長「いやいや・・・その調整が

171

自分の仕事ですから！　それで、また東京労働局にも相談して、

　　⇒5-2 復職時の配置転換、アリ？　ナシ？

　　⇒5-3 復職時に降格！　ってうそ〜

　　⇒5-5 最重要！　育休から復職後の働き方

って、教えてもらったんです」

さくら「そうなんですね！　コキンさん、また、法律はさておいたりしてました？」

総務課長「うん！　降格って、偉くなりたいとかそういうことだけじゃなくて、仕事を本気でやってる人ほど、後輩の下になったり、自分の責任で対応できる範囲が狭まったりって我慢できないものですよ、って言われちゃった」

さくら「さっすが！　わかってるー！　一瞬、びっくりしちゃいましたよ！」

総務課長「ほんっと、言い訳なんだけどさ、うちの妻もパートだけど仕事始めたところで、子どもが溶連菌に感染したんです。で、コキンさんにいろいろ教わってたから、俺が看護休暇（⇒6-4）とって…てなこともあって、なんかもう間に合わなくて…って、大事な仕事の報連相ほったらかして、ただ休んでるようじゃダメだね。ホント申し訳ない！」

後輩A子「え──っ！　さくらさん、総務課長から説明聞いてなかったんですか？　それって、私、ちょー嫌な後輩にされるとこでしたね！よかった。早くに誤解が解けて」

総務課長「しつこく言い訳だけど…4月復職になったからデスクの移動だとかいろいろ間に合わなくて…。でも、ばっちりフルタイムで復帰してもらわないと、例のプロジェクトもさくらさん頼みだし。もちろん主任のままで、給料も同じだから！　心配しないでね」

さくら「いえいえ、信じています！　これまでも誠実に対応していただいていましたし！　それに確かに私、育休繰上げで戻ってきたので、間に合わないのは仕方ないですよね。一瞬、超あせりましたけど」

172

第 5 章　職場復帰

　こうしてさくらは休業前と同じように、主任としてプロジェクトを引っ張っていくようになりました。ブランクを感じさせないさくらの働きで、そのプロジェクトは大成功！　半期に一度の社内アワードの優秀賞はまたもやさくらじゃないか…と社内で評判になるように。

　仕事がうまくいくことで、さくらはこれまで以上に自分に自信をつけ、育児もますますエンジョイするようになりました。

（第 6 章194頁へつづく）

5-1 復職拒否、それはないでしょう？
【不利益取扱い⑨】

いざ復職しようとしたら、「育休中に組織変更があって、ポストがなくなったから」と復職拒否された……そんな理不尽な話、結構あるんです！

第5章では、育休からの復職時のトラブルについて、復職拒否（5-1）、配置転換（5-2）、降格（5-3）、パートへの身分変更（5-4）の順に説明していきます。

すべてのトラブルに共通する前提として、法律上、従業員には、育休の開始日および終了日を明確にして書面で申し出ることが求められている、ということがあります（育介法5条1項・6項、育介法7条1項・2項）。（⇒3-10）

これは、従業員は育休期間のみ労働を免除されているにすぎず、育休終了日の翌日からは復職する、ということを意味しています。一方で会社としては、休業期間は代替要員の確保などが必要なため、育休の申出や延長についてはその手続きが詳しく法令で定められている、というわけです。これらのことから会社には、育休をとった従業員が戻ってくることを前提とした雇用管理が求められている、といえます。

それでは「復職拒否」について、法違反とならないこともあり得るのか、そんなことはないのか、考え方のポイントを「3 step 判定（⇒15頁）」にそって説明します。

■ 3 step 判定 ■ …その取扱いは法違反（＝禁止）か？

step 1 判定ボードの準備

「禁止パターン12×12」（⇒10-11頁）から選択し、判定ボード A と B を埋める。

第 5 章　職場復帰

　法律及び指針で例示されている「不利益取扱い」の中に「復職拒否」という記載はありませんが、育休から復帰する従業員の意に反して会社が一方的に雇用関係を終了させることは、実質的には「解雇」に該当するケースが多いと考えられます。

　このため、「育休明けに復職を拒否された」は、「育休の取得」を理由とする「解雇」に該当するかどうか、と整理して検討していきます。

▶判定ボード◀

| A | ⑩育休の取得 | を理由とする |

| B | ①解雇 | に該当する場合、|

すなわち、 A と B に因果関係がある場合は法違反です。

---

step 2 なかったら判定

　「 A がなかったら、 B は起きていたか？」と考えてみることにより、因果関係をチェックする。

---

① **明らかに因果関係がある**

〈例〉「代わりの人を正社員で雇ったので戻せない」と言われた。

　▶育休を取得しなかったら、代わりの正社員も雇わず、復職拒否（解雇）されなかったはずです。その取扱いは法違反（＝禁止）です！

② **因果関係がわからない又はないようにみえる**

〈例〉「組織変更があり、ポストがなくなったので戻せない」と言われた。

　▶組織変更を理由としていて因果関係がないようにみえますが、育休中でなかったらそのポストはなくなったとしても、他のポストに異動できたかもしれません。この例については「step 3 ダメ押しチェック」で考えてみましょう。

---

step 3 ダメ押しチェック

　解釈通達の考え方にそって、法違反の有無について判定する。

175

> ▶解釈通達◀
> ① 　A　と　B　が時間的に近接していて
> ② 　２つの例外のどちらにも該当しない場合は、
> 　「　A　を理由とする　B　」（＝法違反）とみなす。

① 　時間的に近接しているか？

「育休からの復職を拒否（解雇）された」のですから、育休中の解雇となり、　A　と　B　は時間的に近接しています。

② 　２つの例外に該当するか？

例外１「特段の事情」がある　　□ 該当する　　□ 該当しない

「組織変更で産休・育休前のポストがなくなった」といっても、ポストがなくなった他の従業員が配置転換などで雇用が継続しているにもかかわらず、育休中の従業員の復職を拒み解雇することは、法令で保護されていることを上回る「特段の事情」があるとみなされる可能性は低いと考えられます。

一方、倒産のように、従業員全員が職を失うような事態で、その中に育休中の従業員がいたような場合は、「例外１」に該当する可能性が高くなります。ただし、他社が企業や事業部を人員ごと買収するような場合、育休中の従業員はその対象外となり、結果として復職ができないような場合は、それが「例外１」に該当するのかは、検討が必要です。

第5章 職場復帰

例外2 「真の同意」があった　　□ 該当する　　□ 該当しない

「組織変更であなたのポストはなくなった」などと言われると、育休中で社内の情報から離れていた従業員は、つい、退職届にサインしたりしてしまうかもしれません。

「真の同意」の有無については、このような外形上の同意ではなく、 B による「不利な影響（従業員が失うもの）」と「有利な影響（従業員が得るもの）」を比べ、会社からの十分な説明についても加味したうえで、「一般的な他の人でも同意するかどうか」について客観的に判断する必要があります。

▶例外1、例外2の両方とも「該当しない」に☑がついた場合は法違反（＝禁止）です！

子が1歳になる前の女性従業員の復職を拒むことは、均等法9条4項（解雇の無効）の規定も適用されるので、さらに慎重な対応が必要です。（⇒19頁）

解決への道しるべ

育休は、働き続けるためにとるものなので復職が大前提です！

　組織変更のスピードがはやい業界では、育休からの復職時に1年前と同じポストがないのは、よくあることでしょう。そんな時は、「な・か・っ・た・ら・判・定・」が大活躍！「ポスト消滅時に育休中でなかったらどうなっていたか」、他の従業員の例も参考に考えてみてください。別のポストの提案もなく解雇とはならなかったはずです。

　育休からの復職を拒否された従業員は、子どもが保育園に入れなくなったり、急いで転職先を探したり、キャリアに響く大ピンチに陥ります。

　うっかり席を空けたら戻る場所がなくなるようでは育休なんてとれないし、育休をとれないと子どもを産めないし育てられない…とならないよう、育休からの復職拒否は厳しく制限されているのです。

　会社も従業員の方も、「育・休・は・、働・き・続・け・る・た・め・の・も・の・」なのだと、しっかり理解していただきたいのです。

5-2 復職時の配置転換、アリ？ ナシ？
【不利益取扱い⑩】

産休と育休を取得すると、人によっては長期間の休みになることも。となると、元の職場（部署や店舗）に戻れない？ そんな不安を解消するために、個人も組織も知っておくべきことを解説します！

　育休からの職場復帰について、5-1では復職拒否は原則として法違反になるという話をしました。では、復職さえできれば、どのポストでもよいのでしょうか？ 復職させる場所やポジションについて決まりはないのでしょうか？ 本節では、育休から復職のタイミングで配置転換することがアリかナシか解説します。

1　「元のポスト」に戻す配慮

　育休からの復職については、「原職又は原職相当職に復帰させるよう配慮すること」と指針で規定されており、まずは、「原職」（元のポスト）に戻すことが基本です（育介法22条3項、育介法指針第2の7(1)）。
　「原職」（元のポスト）が難しい場合には「原職相当職」に戻す配慮を求められますが、「原職相当職」と評価されるのは、次のすべてに該当する場合です（育介法解釈通達）。
① 休業後の職制上の地位が休業前より下回っていないこと
② 休業前と休業後とで職務内容が異なっていないこと
③ 休業前と休業後とで勤務する事業所が同一であること

2　不利益取扱いの禁止

　前記 1 は配慮義務ですので、配慮したけれども、どうしても「原職又は原職相当職」に復職させられない場合、ただちに法違反となるわけではありません。

第5章　職場復帰

　ただし、その配置転換が「育休取得を理由とした不利益な配置の変更」に該当する場合は法違反となります。法違反かどうかについてはケースごとに判断されるものですが、考え方のポイントを「3 step判定（⇒15頁）」にそって説明します（育介法指針第2の11⑶、育介法解釈通達）。

■ **3 step 判定** ■ …その取扱いは法違反（＝禁止）か？

　step 1　**判定ボードの準備**
　「禁止パターン12×12」（⇒10-11頁）から選択し、判定ボード　Ａ　と　Ｂ　を埋める。

▶**判定ボード**◀
　Ａ　⑩育休の取得　　　　を理由とする
　Ｂ　⑩不利益な配置の変更　に該当する場合、
すなわち、　Ａ　と　Ｂ　に因果関係がある場合は法違反です。

　step 2　**なかったら判定**
　「　Ａ　がなかったら、　Ｂ　は起きていたか？」と考えてみることにより、因果関係をチェックする。

① **明らかに因果関係がある**
〈例〉育休からの復職者は休業前に内勤であった人も全員店舗勤務にするという社内ルールがある。
　▶育休と店舗勤務への配置変更の因果関係は明らかです。
　　その取扱いは法違反（＝禁止）です！
② **因果関係がわからない又はないようにみえる**
〈例〉「元々働いていた店舗は定員いっぱいだから、別の店舗で復帰して」と言われた。
　▶人員配置の定員を理由としていて、育休取得との因果関係はないようにみえますが、育休を取得しなかったら、別の店舗に異動に

179

なったかどうかはわかりません。この例については「step 3 ダメ押しチェック」で考えてみましょう。

step 3 ダメ押しチェック

解釈通達の考え方にそって、法違反の有無について判定する。

▶解釈通達◀
① A と B が時間的に近接していて
② 2つの例外のどちらにも該当しない場合は、
「 A を理由とする B 」（＝法違反）とみなす。

① 時間的に近接しているか？

「復職時に配置変更された」のですから、 A と B は時間的に近接しています。

② 2つの例外に該当するか？

例外1「特段の事情」がある　　□ 該当する　　□ 該当しない

「定員がいっぱい」だとしても、前述の原職相当職の範囲から大きくはずれているときや、通常の人事異動のルールからは説明がつかないような場合には、育休取得を理由とする不利益な配置転換を禁止する法令の趣旨に反しないような「特段の事情がある」とみなされる可能性は低いと考えられます。

一方、事業再編により、元のポストが消滅した場合などに「原職相

当職」と評価できる別のポストで復帰させることは「例外1」に該当する可能性が高くなります。

　その配置転換が法違反かどうかについて、指針では「配置の変更前後の賃金その他の労働条件、通勤事情、当人の将来に及ぼす影響等諸般の事情について総合的に比較考量の上、判断すべき」と規定されていることに留意が必要です（育介指針第2の11(3)）。

例外2　「真の同意」があった　　　□　該当する　　　□　該当しない

　「人員配置の都合」「あなたがいない間、他の人を配置しなければ店がまわらなかった」などと言われると、従業員は納得せざるを得ない状況に追い込まれます。

　「真の同意」の有無については、このような外形上の同意ではなく、　B　による「不利な影響（従業員が失うもの）」と「有利な影響（従業員が得るもの）」を比べ、会社からの十分な説明についても加味したうえで、「一般的な他の人でも同意するかどうか」について客観的に判断する必要があります。

　　▶例外1、例外2の両方とも「該当しない」に☑がついた場合は法違反（＝禁止）です！

③　産休のみで復職する場合

　育休をとらずに産休だけで復職する場合については、指針で「産前産後休業からの復職に当たって原職又は原職相当職に就けないこと」が不利益取扱い（均等法9条3項違反）にあたるとされていることにも留意が必要です（性差別指針第4の3(3)）。

④　就業場所を変更する場合

　配置転換のなかでも、就業場所が変更される場合には、従業員が育児を行うことが困難とならないよう配慮しなければならない（育介法26条）とされていることにも留意が必要です。（⇒6-10)

5-3 復職時に降格！ ってうそ～
【不利益取扱い⑪】

出産前と同じようにバリバリ働くぞ！ と思って復職したら、なんと、自分の席に後輩が上司として座っていてビックリ！ でもこれ、「ブランクがあるから降格は仕方ない」とはならはないのです。

　育休からの復職について、5-1で復職拒否は原則として法違反、5-2で元に戻すのが基本という話をしました。
　ここまでの説明で、育休からの復職時に降格することは法律上許されないのは明らかですが、実際には、いろいろな理由で降格されるケースがあります。まず、どんな理由で降格されることがあるのかを分類してみたうえで、考え方のポイントを説明します。

1　降格の理由

　はじめに、複雑な説明の準備として、育休からの復職時に産休前に課長だった人が主任や役職のない一般社員などに降格されるケースをもとに、よくある降格の理由を3つのパターンに分類しておきます。
【ポスト消滅型】
　産休・育休中に、他の人が配置された、組織変更があったなどの理由により産休前のポストがなくなったから。
【ブランク型】
　長期間の休業によるブランクがあり、変化の速い業界で、部下をまとめる責任あるポストにつかせるのは無理だから。
【パフォーマンス型】
　小さな子どもがいると急に休んだり残業ができなかったりするので課長職は無理だから。

第5章　職場復帰

2　考え方のポイント

　復職時の降格は原則として法違反ですが、法違反とならないことも
あり得るのかないのか、考え方のポイントを「3 step 判定（⇒15頁）」
にそって説明します。

■ 3 step 判定 ■ …その取扱いは法違反（＝禁止）か？

step 1　判定ボードの準備

　「禁止パターン12×12」（⇒10-11頁）から選択し、判定ボード
　A　と　B　を埋める。

▶判定ボード◀

　A　⑩育休の取得　　　　　　を理由とする

　B　⑤降格　　　　　　　　　　　　に該当する場合、

すなわち、　A　と　B　に因果関係がある場合は法違反です。

step 2　なかったら判定

　「　A　がなかったら、　B　は起きていたか？」と考えてみ
ることにより、因果関係をチェックする。

① 明らかに因果関係がある

〈例〉「育休中に別の人が課長ポストに座っているので役職なしの一般
社員で復帰してほしい」と言われた。

　▶産休・育休を取得しなかったら降格しなかったはずです。

　この例のような「ポスト消滅型」については、ほとんどのケースにお
いて産休・育休と降格の因果関係があり法違反になると考えられま
す。その取扱いは法違反（＝禁止）です！

② 因果関係がわからない又はないようにみえる

〈例〉「1年もブランクがあって最新の知識もないから、課長の仕事は
無理だろう」と言われた。

183

▶「課長としての知識不足」を理由としていて、産休・育休が理由ではないようにみえますが、産休・育休で休んだあいだに知識不足になったのですから、産休・育休と因果関係があるかもしれません。この例については「step 3 ダメ押しチェック」で考えてみましょう。

産休・育休をとらなかったらどうなっていたか、を考えるときは、右図を思い浮かべてみるとわかりやすいです。

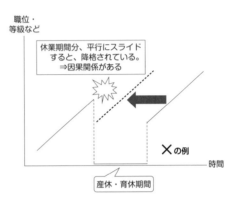

> **step 3** ダメ押しチェック
> 解釈通達の考え方にそって、法違反の有無について判定する。

▶解釈通達◀
① A と B が時間的に近接していて
② 2つの例外のどちらにも該当しない場合は、
「 A を理由とする B 」（＝法違反）とみなす。

① 時間的に近接しているか？

「育休からの復職時に降格」ですから、 A と B は時間的に近接しています。

② 2つの例外に該当するか？

<u>例外1</u>「特段の事情」がある　　□ 該当する　　□ 該当しない

「1年もブランクがあって最新の知識もないから、課長の仕事は無理だろう」と言われたというような「ブランク型」の降格が法違反か否かについては、1年間のブランクが、法令により保護された産休・

第5章　職場復帰

　育休を取得したことによることを考慮しても、なお、降格せざるを得ないような「特段の事情」がある場合でないと法違反となります。
　また、「小さな子どもがいると急に休んだり残業ができなかったりするから課長は無理」というような「パフォーマンス型」のケースについては、未だ起こっていない事実を理由に降格することが法令で保護された産休・育休から復職する従業員を降格せざるを得ない「特段の事情」とみなされる可能性は低いと考えられます。復職後の働き方については、短時間勤務、所定外労働の免除、子の看護等休暇などの制度が利用でき、それらを利用したことを理由とする不利益取扱いが禁止されています。(⇒第6章)

例外2「真の同意」があった　　□ 該当する　　□ 該当しない
　「課長ポストは空きがない」「組織再編上の都合」などと言われてしまうと、従業員は仕方なく合意してしまうこともあり得ます。
　「真の同意」の有無については、このような外形上の同意ではなく、 B による「不利な影響（従業員が失うもの）」と「有利な影響（従業員が得るもの）」を比べ、会社からの十分な説明についても加味したうえで、「一般的な他の人でも同意するかどうか」について客観的に判断する必要があります。

　▶例外1、例外2の両方とも「該当しない」に☑がついた場合は法違反（＝禁止）です！

　また、育休からの復職時に格付けは維持されたものの部下がいないポジションになったことが問題だとして争われた裁判例もありますので、注意したいところです。(⇒参考資料6　アメックス（降格等）事件)

185

5-4 復職する人はみんなパートって、あり？
【不利益取扱い⑫】

子どもが生まれてもフルタイムで働くぞ！ と張り切って復職したのに、「育休から戻ってきた人はみんなパートね」なんて言われたら、一気にやる気を失いますよね。前例踏襲の思いこみは危険です！

　本章では、従業員が育休から復職するときに、会社が復職拒否（5-1）すること、配置転換（5-2）すること、降格（5-3）することには、法律上の制約があることについて説明してきました。
　ここまでの説明をふまえると、復職時に当然のこととしてパートへ身分を変更させることには問題があると理解できると思います。それでも、「復帰するときはみんなパートだから」という対応でトラブルになっていることが、意外とあります。
　法違反かどうか、考え方のポイントを「3 step 判定（⇒15頁）」にそって説明します。

■ 3 step 判定 ■ …その取扱いは法違反（＝禁止）か？

> **step 1** 判定ボードの準備
> 「禁止パターン12×12」（⇒10-11頁）から選択し、判定ボード A と B を埋める。

> ▶判定ボード◀
>
> 法違反になるのは、
> 　　A ⑩育休の取得　　を理由とする
> 　　B ④パートへの変更強要　に該当する場合、
> すなわち、 A と B に因果関係がある場合は法違反です。

第5章　職場復帰

step 2 **なかったら判定**

「　A　がなかったら、　B　は起きていたか？」と考えてみ
ることにより、因果関係をチェックする。

① **明らかに因果関係がある**

〈例〉育休からの復職は全員パートという社内ルールがあるから。

　▶この社内ルールでは、育休をとった人は必ずパートになるので因
　果関係があります。その取扱いは法違反（＝禁止）です！

② **因果関係がわからない又はないようにみえる**

〈例〉「正社員のままで子育てするのは大変だろうから、パートで復職
してほしい」と言われた。

　▶子育てに配慮しているようにみえますが、育休をとらなかった
　ら、こんなことは言われなかったかもしれません。この例につい
　ては「step 3 ダメ押しチェック」で考えてみましょう。

step 3 **ダメ押しチェック**

　解釈通達の考え方にそって、法違反の有無について判定する。

▶**解釈通達**◀

① 　A　と　B　が時間的に近接していて

② 　２つの例外のどちらにも該当しない場合は、

　「　A　を理由とする　B　」（＝法違反）とみなす。

① **時間的に近接しているか？**

「復職と同時に、パートに雇用形態を変更」するのですから、
　A　と　B　は時間的に近接しています。

187

② 2つの例外に該当するか？

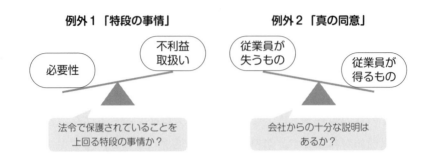

例外1「特段の事情」がある　　□ 該当する　　□ 該当しない

　子育てしながらもフルタイムでがんばりたいと希望している従業員に対して、「育休からの復職者は全員パート」という社内ルールだけを理由に一律にパートで復職させることは、法令で権利が保証されている産休・育休を取得した従業員をパートに身分変更せざるを得ないような「特段の事情がある」と判断されない可能性が高いと考えられます。

　一方、育児中心でペースを落として働きたいという本人の希望で、会社と従業員が双方合意の上、パートで復職する場合は退職をさけるためと評価され、例外1又は例外2に該当する可能性もあります。

　そのような場合であっても、パートへ身分変更しなくても、短時間勤務制度や所定外労働の免除等、正社員のままでも仕事と育児を両立するための制度が従業員の権利として認められており、そのことを会社は復職時に従業員に伝えることが望ましいとされていますので、従業員とよく話しあうことが必要です（育介指針第2の13の2）。
(⇒6-2、6-5)

例外2「真の同意」があった　　□ 該当する　　□ 該当しない

　「正社員よりもパートの方が保育園のお迎えが楽だよ」等と言われてしまうと、従業員は「子どもに負担をかけたくないし、パートになるのも仕方ない」と同意してしまうかもしれません。

　「真の同意」の有無については、このような外形上の同意ではなく、　B　による「不利な影響（従業員が失うもの）」と「有利な影

第5章 職場復帰

響（従業員が得るもの）」を比べ、会社からの十分な説明についても加味したうえで、「一般的な他の人でも同意するかどうか」について客観的に判断する必要があります。

▶例外1、例外2の両方とも「該当しない」に☑がついた場合は<u>法違反（＝禁止）です！</u>

解決への道しるべ

パートにならなくても育児と両立できる制度が整えられてきています

「育休から復職したらパート勤務に」、という社内ルールは、比較的古くから女性が育休をとって働き続けていた会社で今もまれにみられます。

結婚や出産で寿退社をする人がまだいたような時代は、育休から復職する女性本人も、出産後はパートなどで保育園のお迎えに間に合う範囲で働きたいという人が多かったのかもしれず、その名残が社内ルールになっているのかもしれません。でも今は、キャリアも大事にしたい！ ばりばりがんばって働きたい！ 将来は店長、社長になるぞ！ という気持ちで戻ってくる人もいるはずです。そんな人のモチベーションをさげてしまうのは、とてももったいないことです。

なかには、育休から復職するときに「パートはいやだ」と言って会社とトラブルになってしまったら、復職できなくなって、子どもがせっかく入れた保育園を退園しないといけなくなるんじゃないか……と思い、会社に言われたまま、あきらめてパートで復職する人もいるかもしれません。そうすると、またそれが前例になってしまいます。

パートにならなくても、今は、短時間勤務制度、所定外労働の免除、子の看護等休暇などの制度を使って、育児のために少しペースを落としながら正社員として働き続けられるようになっています。（⇒第6章）

さらに、法改正により、子どもが3歳になったあとも、なるべくフルタイムで働くパパ・ママを応援する「育児期の柔軟な働き方を実現するための措置の拡充」もスタートします。（⇒6-3）

せっかく法改正も行われ、いろんな働き方ができるのですから、子育てしながらやりがいをもって働き、活躍できたらいいですね！

5-5 最重要！育休から復職後の働き方

働く人の妊娠→出産→育休という時系列において、最重要ポイントは、じつは、育休からの復職時?!

　第5章では、育休からの復職時に起こりがちなトラブルについて解説してきましたが、育休からの復職後にどんな働き方をするかは、復職する本人のキャリア形成だけでなく、会社にとっても、最重要。第5章の終わりに、知っておいてほしいことをまとめておきます。

1　育休から復職する人に知っておいてほしいこと

　子どもが小さいうちはゆっくりペースで働きたい人、バリバリ働きたい人など、「育休から戻る人」もいろいろでいいと思います。
　でも、元に戻る権利があること（⇒第5章）と働くペースを落としながらキャリアも大事にできる制度が整っていること（⇒第6章）は知った上で、職業人生をどういうペースで歩んでいくのか、長い目でみてキャリアプランをたててほしいのです。
　「これまでの人はみんなそうだったから」と会社から不本意な働き方を提案されることもあるかもしれません。でも、それを従業員が受け入れてしまうと前例踏襲の無限ループに陥ります。
　「定型的、補助的業務でマミートラック※を回る」か「時間無制限にバリバリ働く」かの二者択一の時代ではありません。たった一度きりの人生、自分らしく、育児も仕事も楽しんでください。

※女性が子育てによってキャリアのコースから外れてしまう状態。

第5章　職場復帰

2　会社に知っておいてほしいこと

　まずは、「育休から戻る人」も十人十色だということと、第6章の育児と仕事を両立するための制度について、よく理解しておいてください。

　そして、復職する人に、どんな働き方が選択できるのかを幅広に説明した上で、本人の育児の状況やキャリアプランをよくきいてみることをおすすめします。

　これまでの復職者はみんなそうだったら、子どもが小さいうちは大変だろうからと、復職者を一律に、定型的、補助的業務に就けていたのでは、女性の能力を十分に生かすことはできなくなり、会社にとっても大きな損失になると思います。

現場から
2人目を産まない理由がせつなくて

　一人の女性が生涯に産む子どもの数、ともいわれる合計特殊出生率※は年々低下して、2023年は1.2でした。子どもの数を数えるときは、第1子でも第2子でも同じ「1人」ですが、現場でいろんなケースをみていると、女性が第2子を産まない理由は、第1子を産まない理由とは違うな、と感じています。

　育休から思うように復職できなかったり、育児を大事にしようとしたらキャリアが台無しになったり、将来のキャリアプランに夢を描けなくなったり、という経験をした女性たちからの、「こんなんじゃ、とても、もう1人なんて考えられない」という声をきくと、せつなくなります。

　育休からの復帰は、車のレースでいう「スローイン（進入はゆっくり）ファーストアウト（素早く脱出）」のような感覚で、ギアを徐々に上げて、よい加速ができるようになることが理想ですよね。そうした人が増えたら、もっと強い日本になれるんじゃないか、と思っています。

※15〜49歳までの女性の年齢別出生率を合計したもので、一人の女性がその年齢別出生率で一生の間に生むとしたときの子どもの数に相当する。

191

第 6 章

働きながら
子どもを育てる

Episode 6

分刻みのスケジュールで……事件勃発！

　仕事と育児。両方をがんばっているからこそ、気持ちの切り替えができて充実感も倍増する…なんて喜びをひしひしと感じていたさくらですが、やはり現実には子どもが小さいうちは、時間的・物理的・精神的にいろいろと大変なことが起こります。

　寅は結果的に、①産後パパ育休（3週間）、②育休その1（1週間）、③育休その2（1か月弱）…というトータル3回の「休業」をしたことになり、その時々で、さくらの支えになったのは事実です。

　…ですが、日常的にある細かな用事——たとえば保育園の先生とのやりとりとか、保護者会への参加とか、生協の注文用紙への記入とか、排水溝の掃除とか…はどうしても、古来よりの性的役割分担が根強く残っているせいか、女性（妻）であるさくらにのしかかります。

　日ごろから寅は、百合の着替えやおむつ替えをしたり、散歩に連れていったりと、一昔前の男性（夫）に比べたらちょこちょことよく動いてくれているほうではあります。ただ…さくらの仕事が軌道にのってきて、さらにたくさんの仕事が舞い込むようになると、さくらの中に、いろんな思いが渦巻くようになりました。

　期待に応えようとさらにがんばるさくらは、当然、忙しくもなってきて、「残業したいな」と思うようになったのです。ところが、そのためには「お迎えの調整」という一仕事をせねば

第6章　働きながら子どもを育てる

なりません。つまり延長保育やベビーシッターさんの手配です。スムーズにできればいいのですが、当日突然の利用はなかなか難しいもの。

夕方のクライアントとの打ち合わせが盛り上がって、もう少しでいい企画ができあがる、というときも、続きは次回に持ち越し…になってしまいます。

要は、自分の都合だけでスケジュールを組めないわけで、さくらはそのたびにこう思います。

「なんかさぁ…私だけ割食ってない？　寅は残業だってだれにも断りを入れずに自由にできるし、夜の飲み会だって誘われたら自分の気持ち次第で参加できるじゃん？　私はどうよ？　いちいちだれかに百合のこと頼んで見通しがついたら参加できますって、感じじゃん？　その調整だって時間かかるしさ。精神的にも負担だし。いつもそんな感じだったら、もういいか、って相手から誘われなくなっちゃうよ。それにさ、シッターさんもあんまり利用しちゃうと、当然お金もかかるよ。私の給料、そのまま保育料に右から左じゃん？」

そんな思いを心の底にためつつ、なんとかやりくりを続けてはいましたが、ついにさくら2度目の大爆発！

大事なクライアント先への出張当日に、百合が発熱してしまったので

195

す。寅に代わりに病院に連れて行ってもらおうと頼むも、「自分も大事な
ミーティングがあってムリ！」とあっさりと却下されてしまいます。

　押し問答のあげく、

　「もういいっ！　新幹線キャンセルする！　結婚生活もキャンセルす
る！」

とさくらは半狂乱。号泣しながら百合と病院に行く支度を始めました。
母は強し…。

寅「わ、わかったよ…オンラインでできないか聞いてみるから。さくら
は出張行ってきて！　仕事がんばって！　ホント、ゴメン、今週は自宅
でできるようなんとかするよ！」

　これまでトラブルがあってもいつも「なんとかなる！」と明るく対処
していたさくらの号泣にビビった寅は、このとき、親としての役割を
"じぶんごと"としてとらえきれていなかった自分に気づいたのでした。

　さくらは、前言をひるがえし、さくらの立場を理解してくれたかのよ
うな寅の言葉に冷静さを取り戻して、サクッと自分の支度をし始めます。

　「百合ちゃん、ごめんね。ママもがんばるから、百合ちゃんもがん
ばってね！」といいながら、百合をぎゅっと抱きしめ、後ろ髪引かれる
思いで家を出て行ったのでした。

　…そんなこんなで季節は巡り、百合の誕生から数年後、さくらは第2
子を妊娠中です。百合を妊娠していたころは2人目なんて…と思ってい
たさくらですが、ともに育児にはげむ寅の姿をみて考えを改めたのでし
た。

　現在、さくらはフルタイムで働きながらも残業免除を申請して定時に
は帰宅。寅は育児短時間制度を利用して、百合の保育園の送り迎えを担
当しています。夕食も、毎日家族そろって食べることができている、ま
さに理想的な日々です。（⇒6-1，6-2，6-5）

寅「来月、地方の出張が入りそうなんだ」

第6章 働きながら子どもを育てる

さくら「了解！　じゃあその時は私が百合を保育園に送るね！」

　さくらと寅は、さまざまな制度を利用して、子育てと仕事の両立を、楽しみながら実現しているのでした。お互いに忙しい時期や出張で不在にすることもあるからこそ、「一緒にいるときはこの時間を大切にしよう！」と心から思えるようになったのです。さくらはますます百合との時間を大事にするようになり、さくらと寅の2人の絆も愛情も強まって、現在2人目を妊娠中…というわけなのです。

　その後、さくらは元気な男の子を産み、「コウスケ」と名付けました。

　生きていれば、人生山あり谷ありですが、山でも谷でもお互いを思いやる術を身につけたさくらと寅、そして百合、コウスケの4人。令和家族のロールモデルとして、これからもきっと幸せに暮らしていくのでしょう。

197

6-1 働きながら子どもを育てるための制度

共育て、共働きの時代。パパもママも使える、"働きながら子どもを育てる制度"って、どんなものがあるのかな？ まずは全体像を知っておきましょう。

前章までは妊娠中から産休・育休そして復職のことを説明してきましたが、長い職業人生では、職場に復帰してから、どのように仕事と育児を両立していくのかが重要です。

第1章から第5章までは、ママ視点で書いてきましたが、第6章は、パパ・ママふたりに共通する話です。男性も女性も、親になってからどう働いていくのかを自分のこととして考え、話し合ってみてほしいと思います。

そして、会社の人事担当の方には、産休・育休をとって会社にもどってきた人に、どんなふうに活躍してもらうかという観点をもちつつ、両立支援の制度をうまく活用してほしいと思います。「男性も女性も対象」であることも、しっかり理解してほしいところです。

【子どもを育てるために使える制度など】
① 短時間勤務制度（⇒6-2）
　3歳までの子を養育する従業員は、勤務時間を短くすることができます（育介法23条1項）。
② 柔軟な働き方を実現するための措置（⇒6-3）
　令和7年10月1日から、3歳以上小学校就学前までの子を育てる従業員が利用できる制度が新しくできます（育介法23条の3）。
③ 子の看護等休暇（⇒6-4）
　年休とは別に、病気やけがをした子の看護等のために休暇を取得できます（育介法16条の2、16条の3）。

④ 所定外労働・時間外労働の制限（⇒ 6 - 5）

従業員が会社に請求することで、所定外労働・時間外労働を制限できます（育介法16条の 8、17条）。

⑤ 深夜業の免除（⇒ 6 - 6）

従業員が会社に請求することで、深夜業を制限できます（育介法19条）。

また、子育て中の転勤について、会社は育児状況等に配慮しなければならないことになっています（育介法26条）。（⇒ 6 -10）

働きながら子どもを育てるための制度の全体像

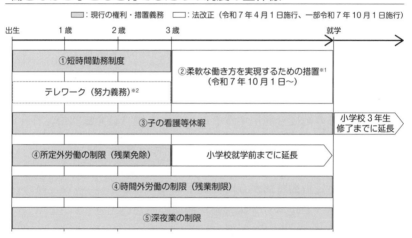

上記のほかに、女性を対象とした制度として「育児時間」があります。生後満 1 歳に達しない子を養育する女性（本人が請求した場合）は、1 日に 2 回、少なくとも各30分の育児期間を請求することができます（労基法67条）。

※ 1　柔軟な働き方を実現するための措置は、令和 7 年10月 1 日施行の法改正事項です。3 歳から小学校就学前の子を養育する労働者に関して、フレックスタイム等、テレワーク、保育施設の設置、新たな休暇の付与、育児短時間勤務、等の措置から選択して利用できるようになります。（⇒ 6 - 3）

※ 2　令和 7 年 4 月 1 日から、3 歳未満の子を養育する労働者がテレワークを選択できるように措置を講ずることが、事業主の努力義務になります（育介法24条 2 項）。

6-2 短時間勤務制度はどの会社にもあります

保育園のお迎えなどで助かるので、多くの保護者が「短時間勤務制度」を利用しています。どんな制度があって、どう使えるのかがわかると、子育てしながら働くイメージがわいてくるかもしれません。

1 短時間勤務制度の概要

　短時間勤務制度とは、従業員が働きながら子どもを育てやすくするため、1日の労働時間を短くして勤務できる制度のことです。
　3歳に満たない子どもを育てている従業員で、以下すべてにあてはまる場合、この制度を利用することができます（育介法23条、育介則72条、73条の2）。
① 日々雇用される者でないこと
② 1日の所定労働時間が6時間以下でないこと
③ 育児休業（産後パパ育休含む）期間中でないこと
④ 労使協定で適用除外とされていないこと

【適用除外とできる事由】
ⅰ）その事業主に継続して雇用された期間が1年に満たないこと
ⅱ）1週間の所定労働日数が週2日以下であること
ⅲ）業務の性質又は業務の実施体制に照らして、短時間勤務制度を講ずることが困難と認められる業務に従事する労働者であること

　会社は、前記を満たす従業員から制度利用の申出があった場合、必ず応じなければなりません（育介法23条1項）。これは、会社規模と関係なく、どんなに小さな会社でも対応しなければならない、という制度です。

第6章　働きながら子どもを育てる

2　勤務時間の短縮の仕方

　次に、"短時間"とは具体的に何時間に短縮すればいいのか、どうしても無理な場合はどうしたらいいのか、詳しく説明します。

　会社は、1日の所定労働時間を<u>原則として6時間</u>とする制度を就業規則等に定めることが必要です（育介則73条）。

　さらに、令和7年4月1日施行の法改正により、加えて以下の対応もとることが望ましい、とされます（育介指針第2の9(3)）。
・1日の所定労働時間を5時間又は7時間とすること
・1週間のうち短縮する曜日を固定すること
・週休3日とすること

3　労使協定で適用対象外にするとき

　業務の性質または業務の実施体制から考えて、どうしても短時間勤務の申出に応じられない業務に従事する従業員については、労使協定の締結により対象外とすることができます。その場合は、以下の①～⑤の中から短時間勤務制度の代替となるものを就業規則等に定めなければなりません（育介法23条2項、育介則74条）（⑤は令和7年4月1日からの拡充事項）。
①　育児休業制度に準ずる措置
②　フレックスタイム制度
③　時差出勤
④　保育施設の設置運営、ベビーシッターの手配・費用負担
⑤　テレワーク
　どのような業務が労使協定で適用除外とできるかについては、指針で次のように示されています（育介指針第2の9(4)）。

201

〈労使協定で適用除外とできる例〉

1．業務の性質に照らして、制度の対象とすることが困難と認められる業務
・国際路線等に就航する航空機において従事する客室乗務員等の業務
2．業務の実施体制に照らして、制度の対象とすることが困難と認められる業務
・労働者数が少ない事業所において、当該業務に従事しうる労働者数が著しく少ない業務
3．業務の性質及び実施体制に照らして、制度の対象とすることが困難と認められる業務
・流れ作業方式による製造業務であって、短時間勤務の者を勤務体制に組み込むことが困難な業務
・交替制勤務による製造業務であって、短時間勤務の者を勤務体制に組み込むことが困難な業務
・個人ごとに担当する企業、地域等が厳密に分担されていて、他の労働者では代替が困難な営業業務

〈留意事項〉

指針に記載されている例示は限定列挙ではありません。また、例として記載がある職種について、一律に適用除外となるものでもありません。

第6章　働きながら子どもを育てる

④　育児時短就業給付がはじまります

　育児休業から復帰した後、「育児短時間勤務」で働くと勤務時間が減った分だけ賃金が減ってしまうのは仕方のないことです。そのような中、育児とキャリア形成の両立支援の観点から時短勤務を選択しやすくなるように、令和7年4月1日から、「育児時短就業給付」が受けられるようになります。

　雇用保険の被保険者が2歳未満の子を育てるために時短勤務をしている場合、時短勤務中に支払われた賃金額の10%が雇用保険から給付されます（雇用保険法61条の12）。詳しくは、最寄りのハローワークでおたずねください。

　　＼ 教えて！／
　短時間勤務の人は残業禁止？

　　短時間勤務制度は、1日の所定労働時間を短くする制度で、所定外労働（＝残業）をさせないことまでを内容とするものではありません。
　とはいえ、子育ての時間を確保するという短時間勤務制度の趣旨を考えると、ひんぱんに残業が行われることは、望ましいものではありません。
　従業員としては、残業を完全にゼロにしたい場合は、短時間勤務をしている期間に、重ねて残業免除を請求することも可能です。
　また、やむをえず短時間勤務中の従業員が残業をした場合には、当然、残業代の支払いが必要となります。会社の人事担当の方は、「短時間勤務の人に残業をさせた記録を残すわけにはいかないから、残業代を払わない」という取扱いは、賃金不払いなど大きなトラブルになってしまうので気を付けてください。

6-3 柔軟な働き方ができるようになります

子どもが3歳になったら短時間勤務制度が使えなくなって、保育園のお迎えに間に合わない！ なんてことがないように、小学校に入学するまで、柔軟な働き方を選べるようになります！

短時間勤務制度は子どもが3歳になるまでは義務化されており（育介法23条）、会社規模などにかかわらず要件を満たした従業員が使える制度です。（⇒6-2）しかし、3歳から小学校に入学するまでの間も、まだまだ保育園の送り迎えなどで毎日大忙しのパパ・ママは多いと思います。

本節では、令和7年10月から拡充される3歳以上小学校就学前の子どもを育てる従業員に向けた制度などについて解説します。

1 柔軟な働き方を実現するための措置（令和7年10月1日施行）

子どもの年齢に応じた働き方ができるように、3歳以上小学校就学前の子を育てる従業員が使える制度が新しくできます。

会社（事業主）は、下記の①〜⑤から、<u>2つ以上の制度を選択して</u>[※1]就業規則に定める必要があります（育介法23条の3、育介則75条の2・75条の3・75条の4）。

【選択する制度】
① 始業時刻等の変更（フレックスタイム制・始業終業時刻の変更）
② テレワーク等（10日以上／月）
③ 保育施設の設置運営等
④ 就業しつつ子を養育することを容易にするための休暇（養育両立支援休暇）の付与（10日以上／年）
⑤ 短時間勤務制度

第6章　働きながら子どもを育てる

【利用できる人】

　3歳から小学校就学の始期に達するまでの子を育てている従業員で、以下すべてにあてはまる場合、前記の①〜⑤制度から会社が選択した制度のうち<u>1つを選択</u>して利用できます。

❶　日々雇用される者でないこと

❷　労使協定により適用除外とされていないこと（育介法23条の3第3項、育介則75条の6）

（適用除外とできる事由）

　・入社1年未満であること

　・1週間の所定労働日数が2日以下であること

2　子が3歳になる前の周知など（令和7年10月1日施行）

　会社は、従業員の育てる子が3歳になる前に[2]、前記の柔軟な働き方を実現するための措置として選択した制度（対象措置）に関する以下の事項の周知と制度利用の意向の確認を、個別に行わなければなりません[3]（育介法23条の3第5項、育介則75条の7・75条の9・75条の10）。

【周知事項】

①　対象措置の内容（前記 1 ①〜⑤のうち2つ以上）

②　対象措置の申出先（例：人事部など）

③　所定外労働の制限（残業免除）・時間外労働の制限・深夜業の制限に関する制度

3　テレワーク制度の導入（令和7年4月1日施行）

　3歳に満たない子を育てる従業員がテレワークが選択できるように制度を導入することが会社の努力義務になります（育介法24条2項）。

※1　会社は選択の際、過半数組合等からの意見聴取の機会を設けることが必要です。

※2　子どもの3歳の誕生日の1か月前までの1年間（育介則75条の8）。

※3　個別周知と意向確認は、対象措置の申出が円滑に行われるようにすることが目的であり、取得や利用を控えさせるような形で行ってはいけません。

6-4 子の看護等休暇はどういうときにとれるの？

子どもが熱を出した！ そんなとき、夫婦のどちらが休むか、争いのタネにもなりやすいのも事実。法律でもちゃんと休める制度があるので、ケンカになる前に知っておきましょう！

　子の看護等休暇とは、子どもを育てている従業員が、その子のケガ、病気などの世話または予防接種等のために、年休とは別に休むことのできる制度です（育介法16条の２、16条の３、育介指針第２の２）。

（１）利用できる人

　<u>小学校３年生修了までの子</u>（法改正事項※（１））を育てている従業員で、以下すべてにあてはまる場合、この制度を利用することができます（育介法16条の２、16条の３）。

① 日々雇用される者でないこと
② 労使協定で適用除外とされていないこと

（適用除外とできる事由）
・１週間の所定労働日数が２日以下であること
・（法改正事項※（２））

（２）日数

　１年度において対象となる子１人につき５日。２人以上の場合は10日（10日をどの子に何日配分してもよい）（育介法解釈通達）。

（３）取得可能な事由

　取得可能な事由は、「負傷し、又は疾病にかかった子の世話」「子の予防接種」「子の健康診断」「感染症に伴う学級閉鎖等」「入園（入学）

式、卒園式」（法改正事項※（３））です（育介法16条の２、育介則32
条、33条、33条の２）。

　また、取得可能な疾病の範囲は、<u>WHO が定める ICD10</u>に分類され
ているものになります。たとえば、<u>発達障害</u>は ICD10に分類されて
いるため、この診断がおりている子どもについて療育センター等で親
も一緒に訓練をする場合などは、子の看護等休暇を利用できます。

（４）時間単位取得

　子の看護等休暇は<u>時間単位</u>で取得可能です。ただし、労使協定で
「時間単位で子の看護等休暇を取得することが困難と認められる業務」
であるとされた業務についている場合は、１日単位での取得のみとな
ります（育介法16条の２第２項、育介則34条、育介指針第２の２(3)）。

（５）有給か無給か

　子の看護等休暇中の賃金について、法律上の定めはありません。会
社により有給・無給どちらでも可能です。会社の担当者はトラブルを
未然に防ぐためにも、休暇中の賃金の有無について、就業規則や賃金
規程等であらかじめ示しておくことをおすすめします。従業員は自分
の会社の就業規則等を確認してみてください。

※法改正事項（令和７年４月１日施行）
（１）対象となる子の範囲の拡大
　子の対象年齢が「小学校就学前の子」から「<u>小学校３年生修了まで</u>」に延長さ
れます（育介法16条の２）。
（２）適用除外にできる事由の一部廃止
　労使協定の締結により除外できる従業員から、「<u>その事業主に継続して雇用さ</u>
<u>れた期間が６カ月に満たないこと</u>」が撤廃されます（入社後すぐから取得できる
ようになります）（育介法16条の３、育介則36条・37条）。
（３）取得事由の追加
　<u>①感染症に伴う学級閉鎖等②入園（入学）式、卒園式</u>が取得事由に追加されま
す（育介則33条、33条の２）。
（４）名称変更
　令和７年４月１日から「子の看護等休暇」になります。
※本書では、変更後の名称である「子の看護等休暇」と表記しました。

6-5 残業は無理なんです… というときは？

フルタイムで働くけれど残業は避けたい…という場合に使える2つの制度を紹介します。「残業をまったくしない制度」と「残業を一定時間にする制度」があります。

1 所定外労働の制限

こちらは、残業をまったくしないように請求できる制度です。小学校就学前の子（法改正事項[※1]）を育てている従業員が請求した場合、会社は、事業の正常な運営を妨げる場合[※2]を除き、所定労働時間を超えて労働させてはいけません（育介法16条の8、育介則44条、育介指針第2の3）。

ただし、以下の人はこの請求ができません。
① 日々雇用される者
② 労使協定により適用除外とされる以下の者
　・その事業主に継続して雇用された期間が1年に満たない者
　・1週間の所定労働日数が2日以下の者

2 時間外労働の制限

こちらは、残業を一定時間内にするよう請求できる制度です。小学校就学前の子（法改正事項[※1]）を育てる従業員が請求した場合、会社は、事業の正常な運営を妨げる場合[※2]を除き、1か月について24時間、1年について150時間を超える時間外労働をさせてはいけません（育介法17条、育介則52条、育介指針第2の4）。

ただし、以下の人はこの請求ができません（労使協定は不要です）。
① 日々雇用される者

第6章　働きながら子どもを育てる

② 　その事業主に継続して雇用された期間が1年に満たない者
③ 　1週間の所定労働日数が2日以下の者

3　請求する時期・方法

　所定外労働の免除、時間外労働の免除の請求は、どちらも1回につき1か月以上1年以内の期間で、開始日及び終了日を明示したうえで、開始日の1か月前までに行わなければなりません。この請求は何度でも可能で、書面（会社が認める場合は電子メール等でも可）により会社に通知する必要があります（育介法16条の8第2項、17条2項、育介則45条、53条）。

＼教えて！／
「所定外労働」と「時間外労働」はどう違うの!?

　　　「所定外労働」とは、会社ごとに定められた労働時間を超過した残業のことで、「時間外労働」とは、労基法で定められた労働時間（1日8時間）を超過した残業のことです。
　たとえば、所定労働時間が7時間の会社で8時間働いた場合、所定外労働は1時間ですが、時間外労働は0時間になります。
　「保育園のお迎えの時間に間に合うように、定時ぴったりに帰りたい！」という場合は、所定外労働の制限がおすすめです。

※1　法改正事項（令和7年4月1日施行）
　　令和7年4月1日より、対象となる子の範囲が「3歳に満たない子」から「小学校就学前の子」に拡大されます。（⇒6-1）
※2　事業の正常な運営を妨げる場合とは、その従業員が担当する作業の内容、作業の繁閑、代行者の配置の難易等、諸般の事情を考慮して客観的に判断すべきものです。会社は通常考えられる相当の努力をすべきものであり、単に所定外労働が事業の運営上必要であるとの理由だけで拒むことはできません（育介法解釈通達）。

209

6-6 夜勤は無理なんです… というときは？

夜勤がある職種の場合、子育てしながら仕事を続けられるのか、不安ですよね。小さな子を一人家に置いてはいけないし…。夜勤ありの仕事の場合、どのような制度を利用できるのか解説します。

1 深夜業の制限とは

　小学校就学前の子を育てている従業員が請求した場合、<u>深夜（午後10時から午前5時まで）の就業</u>を免除するよう請求できる制度です。会社は、事業の正常な運営を妨げる場合※1を除き、深夜に労働させることはできません（育介法19条、育介則60条・61条、育介指針第2の5）。

　ただし、以下の人はこの請求ができません（労使協定は不要です）。
① 日々雇用される者
② その事業主に継続して雇用された期間が1年に満たない者
③ 深夜においてその子を常態として保育できる同居家族※2がいる者
④ 1週間の所定労働日数が2日以下の者
⑤ 所定労働時間の全部が深夜にある※3者

※1　事業の正常な運営を妨げる場合とは、所定外労働の制限と同様の考え方です。（⇒6-5）
※2　深夜においてその子を常態として保育できる同居家族とは、16歳以上の同居する家族で、
　・深夜に就業しておらず（深夜の就業日数が月3日以下の場合を含む）、
　・負傷、疾病等により子の保育が困難な状態でなく、
　・産前産後休業中ではない者
　を指します（育介則60条）。

第6章　働きながら子どもを育てる

❷　請求する時期・方法

　深夜業の免除の請求は、1回につき1か月以上6か月以内の期間で、開始日及び終了日を明示したうえで、開始日の1か月前までに行わなければなりません。この請求は何度でも可能で、書面（会社が認める場合は電子メール等でも可）により会社に通知する必要があります（育介法19条2項、育介則62条）。

解決への道しるべ

0か100かではない解決方法を

　看護師や夜間勤務が必要なその他専門職の方の夜勤について、本人からだけでなく会社や医療法人などからの相談も多く寄せられています。

　法人等にとっては、夜勤ありで雇用されている看護師の多くが夜勤免除となると、夜間に必要な看護師数が確保できなくなるかもしれませんし、従業員にしてみれば、他に子どもの面倒をみる人がいない場合、小さな子どもを夜に一人で置いておくわけにはいかないことでしょう。

　法人等においては、子育て中の従業員が夜勤可能な日のみに夜勤シフトを設定する、従業員は家族の協力が得られる日には夜勤に入るなど、話し合いによる双方の歩み寄りが解決の鍵となります。

　0か100ではない解決方法を労使双方でよく検討して、子育ての時期をうまく乗り切ることで、従業員の方には、「この職場でよかった、ここで働き続けよう！」という気持ちがわいてくるかもしれません。そうすると、たとえば夜間の病棟を安心して任せられる熟練の看護師さんが育ち、職場もうまく回るようになり、人手不足に悩むこともなくなるかもしれない……とそんなことも考えてみてください。

※3　所定外労働の全部が深夜にあるとは、就業規則や労働契約上で、労働すべきと定められているすべての時間が午後10時から午前5時の間にある状態をさします（育介法解釈通達）。

6-7 時短するならパートになります?!
【不利益取扱い⑬】

「短時間勤務で働きたい」と上司に伝えたときに、「正社員じゃなくてパートになるならいいよ」と言われたら、パートになるつもりがなければ困ってしまいますよね。そもそもこれって問題では?

6-7～6-9は短時間勤務した場合の「不利益取扱い」シリーズです。育児のために短時間勤務した人の雇用管理における最重要ポイントは、一定の期間、期間限定で勤務時間を短くしているだけなので、これまでの身分が継続するということです。

まずは、「時短するならパート」、という取扱いが法違反になるのかならないのか、考え方のポイントを「3 step 判定 (⇒15頁)」でみていきます。

■ **3 step 判定** ■ …その取扱いは法違反 (＝禁止) か?

step 1 判定ボードの準備

「禁止パターン12×12」(⇒10-11頁) から選択し、判定ボード A と B を埋める。

▶判定ボード◀
　A ⑩育児短時間勤務　　　を理由とする
　B ④パートへの変更強要　に該当する場合、
すなわち、 A と B に因果関係がある場合は法違反です。

step 2 なかったら判定

「 A がなかったら、 B は起きていたか?」と考えてみることにより、因果関係をチェックする。

① 明らかに因果関係がある

〈例〉「育児短時間勤務を取得するなら、パートになる」と言われた。
　▶育児短時間勤務をしなかったら、パートにならなかったはずです。
　その取扱いは法違反（＝禁止）です！

「就業規則の規定があり、社内での公平性を保つことが理由なのであって、時短したからではない」と主張する会社も多いのですが、短時間勤務をしなければ就業規則の適用もなく、パートにはならなかったはずです。

このように「短時間勤務をしたらパートになった」というケースは、「step 2 なかったら判定」で、因果関係があるとわかるので、「step 3 ダメ押しチェック」は省略します。

> **解決への道しるべ**
>
>
>
> **長時間働ける人だけで
> ほんとにいいの？**
>
> 　平成30年に国会で成立し、平成31年から施行されている「働き方改革」は、「長時間労働の是正」「非正規雇用の処遇改善」「柔軟で働きやすい環境の整備」を三本柱に実施されてきており、働き方は、確実に変わってきています。
> 　かつては、長時間労働をいとわず、無限定に働ける正社員が組織の中核を担っていく、という会社が多かったかもしれません。でもいまは、女性が出産を経て子育てをしながら仕事を続けられるようになっただけではなく、男性も子育てと仕事を両立させることを希望する人が増えているような時代です。正社員だからといって無限定に働くことを求めていては、よい人材は集まらないかもしれません。それに長時間労働は、「働き方改革」により、法律でも厳しく規制されるようになっています。
> 　「保育園の送り迎えで短時間勤務になるなら、パートね」というのではなく、会社の事情と従業員の事情の両方を考慮して、双方折り合いのつく時間で働き続けることができるようにしてほしいと思います。

6-8 時短だから課長になれない？　【不利益取扱い⑭】

これまで10年間、がんばってきてようやく課長になったのに、子どもの保育園送迎のために短時間勤務をしたら、なんと降格された!?　じつは、それは原則として違法なんです！

　もともと管理職だった従業員が、育児のために短時間勤務をしたことにより、店舗や会社の営業時間中に部署の責任をになう管理職がいないのは困る、という会社の考えにより降格されたという相談もまれにあります。
　短時間勤務制度を利用したことによって従業員を降格することは原則として法違反です。しかし場合によっては法違反とならないこともあり、ケースごとに判断されるものですが、考え方のポイントを「3 step 判定（⇒15頁）」にそって説明します。

■ **3 step 判定** ■ …その取扱いは法違反（＝禁止）か？

― **step 1**　判定ボードの準備 ―

「禁止パターン12×12」（⇒10-11頁）から選択し、判定ボード A と B を埋める。

▶判定ボード◀

| A | ⑩育児短時間勤務 |
| B | ⑤降格 |

を理由とする A が B に該当する場合、すなわち、 A と B に因果関係がある場合は法違反です。

第 6 章　働きながら子どもを育てる

step 2　なかったら判定

　「　A　がなかったら、　B　は起きていたか？」と考えてみ
ることにより、因果関係をチェックする。

① 　明らかに因果関係がある

〈例〉「育児短時間勤務で働く者は課長にできない」と言われた。

　　▶育児短時間勤務をしていなかったら降格されなかったはずです。
　　　その取扱いは法違反（＝禁止）です！

② 　因果関係がわからない又はないようにみえる

〈例〉「課長会議は（営業時間外の）18時に開催する。参加できないな
　　ら、課長の役割を果たせていないので、外れてもらうしかない」と
　　言われた。

　　▶課長職の役割（職務内容）を理由としていますが、時短勤務しな
　　　かったら課長会議に出席できたので降格の話はなかったかもしれ
　　　ません。この例については「step 3 ダメ押しチェック」で考えて
　　　みましょう。

step 3　ダメ押しチェック

　解釈通達の考え方にそって、法違反の有無について判定する。

　▶解釈通達◀

　①　　A　と　B　が時間的に近接していて
　②　２つの例外のどちらにも該当しない場合は、
　　　「　A　を理由とする　B　」（＝法違反）とみなす。

---

① 　時間的に近接しているか？

　「育児短時間勤務・時間外労働の制限の申出後に降格」ですか
ら、　A　と　B　は時間的に近接しています。

215

② 2つの例外に該当するか？

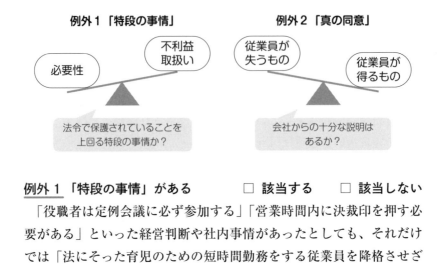

例外1「特段の事情」がある　　　□ 該当する　　□ 該当しない

「役職者は定例会議に必ず参加する」「営業時間内に決裁印を押す必要がある」といった経営判断や社内事情があったとしても、それだけでは「法にそった育児のための短時間勤務をする従業員を降格させざるを得ない特段の事情」とみなされる可能性は低いと考えられます。

例外2「真の同意」があった　　　□ 該当する　　□ 該当しない

「課長なのに営業時間終了まで席にいないのは困る」「役職者はだれよりも働くべき」などと言われてしまうと、従業員は責任を感じ、仕方なく同意してしまうこともあり得ます。

「真の同意」の有無は、このような外形上の同意ではなく、 B による「不利な影響（従業員が失うもの）」と「有利な影響（従業員が得るもの）」を比べ、会社からの十分な説明についても加味したうえで、「一般的な他の人でも同意するかどうか」について、客観的に判断する必要があります。

　▶例外1、例外2の両方とも「該当しない」に☑がついた場合は<u>法違反（＝禁止）</u>です！

第6章　働きながら子どもを育てる

解決への道しるべ

時短の課長が組織を強くします！

「営業時間内、ずっと仕事場にいるのが管理職だ」という会社がときどきありますが、本当にそうでしょうか？

みなさんの会社では、部署の責任者が年休をとったとき、どのようにして仕事を回していますか？　「課長がいないと仕事ができない」という状態だと困ってしまうので、課長がいないときの仕事のやり方など、それぞれの部署で決まっているのではないでしょうか？　また、必要な情報を共有し、自分がいなくても仕事がスムーズに進められるようにするのは、課長自身の役割ともいえます。

また、その課長が労基法41条2号で定める管理監督者にあたる場合は、労働時間に関する規定が適用除外されている（労基法41条の21項）ので、育介法23条の短時間勤務についても義務の対象外となります（育介法解釈通達）。ただし、職場で「管理職」として取り扱われている人でも、実態として「労働条件その他労務管理について経営者と一体的な立場にある者」とはいえず労基法の「管理監督者」にあたらない場合は、義務の対象となります。そもそも、経営者と一体的な立場で自分の裁量で勤務時間をコントロールできる人であれば、「所定労働時間を短縮してほしい」と申し出る必要はないはずですので、法律の義務があるかないかにこだわらず、おおらかな気持ちで経営戦略として短時間勤務を認めてほしいなと思います。

「短時間勤務者がマネジメント職についたことで、マネジメント職不在の時間帯でも仕事がまわるように、マニュアル化などによって社内の情報共有が進み、一般社員も仕事をやりやすくなった」というのは、じつはよく聞く話です。

育児短時間勤務の従業員が役職につくことで、キャリアを積みながら子育てできることがほかの従業員にも伝わり、組織も強くなる…そういう好循環を作り出していけるといいですね。

6-9 時短勤務のときの賞与は？
【不利益取扱い⑮】

勤務時間を8時間から6時間に短縮したら、賞与が半分に！　これってアリ？　6/8じゃないの!?　…と思うのは自然です。どういう考え方になっているのか、説明します！

「時短にしたら、想定以上に賞与が減額された」などの相談は、まだまだあります。

短時間勤務したことによる賞与の取扱いが法違反かどうかはケースごとに判断されるものですが、考え方のポイントを「3 step 判定（⇒15頁）」にそって説明します。

■ **3 step 判定** ■ …その取扱いは法違反（＝禁止）か？

step 1 判定ボードの準備

「禁止パターン12×12」（⇒10-11頁）から選択し、判定ボード A と B を埋める。

▶判定ボード◀

　A ⑩育児短時間勤務　　を理由とする
　B ⑧賞与の不利益な算定　に該当する場合、
すなわち、 A と B に因果関係がある場合は法違反です。

step 2 なかったら判定

「 A がなかったら、 B は起きていたか？」と考えてみることにより、因果関係をチェックする。

時短したら賞与が減額されたという場合、就業規則等に基づく賞与

の算定式で計算した結果が減額となっているような、一定程度の因果関係があるケースが多いと思われますので、「step 3 ダメ押しチェック」は省略します。

　では、どのような場合が法違反にあたるのかというと、「働かなかった時間以上に賞与を減額した」場合が該当します（育介指針第2の11(3)ニ）。

　賃金計算上、ノーワーク・ノーペイの原則にのっとって、不就労時間に相当する分を控除することは可能ですが、育児短時間勤務を利用して就労しなかった時間分以上に減額するのであれば、育児短時間勤務を理由とする賞与の不利益な算定に該当し、法違反となる可能性が高いといえます。

解決への道しるべ

二重の減額に要注意！

　就業規則に従って不就労部分の控除額を算定する際、どのような方法が考えられるか所定労働時間を8時間から6時間に短縮した例でみてみます。

　賞与算定方法が、一律、「月給×○か月分」と定められており、賞与算定期間の全てで短時間勤務となる場合、

① 按分方式　　　月給×6時間／8時間×○か月
② 控除方式　　　月給×○か月分－不就労時間分

　この①②どちらも、計算の基礎となる月給は二重に減額されないよう短時間勤務前のフルタイム時の月給を用いる必要があります。短時間勤務後の月給を用いてしまうと、二重に減額されてしまいます。

　どのような計算方法であっても、その計算方法が二重に減額する方法となっていないことが重要です。

　さらに、賞与の算定にあたって、主に「算定期間の貢献」すなわちアウトプットを評価している場合、短い時間で結果を出した人についても、働かなかった時間分按分して考慮することが合理的なのかについても十分検討する必要があります。

6-10 育児中の転勤はキツイです…

子どもを育てている時期の転勤って大変！ 従業員は法律でどのように守られているのか、会社としてはいつ、どのような配慮が必要なのかまとめて解説します。

　法律は改正を繰り返して仕事と育児の両立を応援する制度を充実させてきましたが、妻あるいは夫の転勤によって、仕事と育児の両立が難しくなることはまだ多くあります。

　そこで、第6章の最後に、この転勤に関する法令と、現状がどうなっているのかみてみます。

1　育児の状況に配慮

　育介法では、会社は従業員に就業場所の変更を伴う配置変更をするとき、その変更により育児が困難となる従業員がいる場合には、その従業員の育児の状況に配慮しなければならないと定めています（育介法26条）。

　配慮することの内容としては、①当該従業員の子育ての状況を把握すること、②従業員本人の意向をくんで対応すること、③就業場所の変更を伴う配置の変更をした場合には子育ての代替手段があるかどうかについて確認することなどがあります（育介指針第2の15）。

　子どもの年齢に制限はありませんので、小学校などに通う子どもを育てる従業員についても配慮が必要です（育介法解釈通達）。

　この条文の趣旨に照らして、従業員の不利益が著しく大きく、転勤命令は違法だと判断された裁判例もあります。（⇒**参考資料6　明治図書出版事件**）

第6章　働きながら子どもを育てる

2　間接差別という考え方

　転勤は、育児の状況に配慮しなければならない（育介法26条）、ということだけではなく、転勤できるかできないかで処遇などに差を設けることは、間接差別[※1]にあたるとして禁止されています（均等法7条、均等則2条）。

　たとえば、採用、昇進又は職種の変更にあたって転居を伴う転勤に応じることができる者のみを対象とすることや、昇進に関して事業所を超えた配置転換をされた経験があることを要件とすることなどは、業務の遂行上特に必要な場合などでなければ禁止される、ということになります（均等法解釈通達）。

3　現状

　多くの世帯が共働きをしている[※2]現在、転勤による家庭への負担は大きくなっています。子育て中の従業員が転勤によって単身赴任することになれば夫婦のどちらかは日々の子育てができず、家族帯同すれば夫婦のどちらかはこれまでのキャリアが途絶える、ということになってしまいます。

　そのような中、最近では転勤のない会社を選んだり、「勤務地限定」の働き方を選ぶ人も男女を問わず多いようです。

　会社としても、「転勤の可否を従業員が選択できる」「転勤せずにテレワークで対応させる」など、転勤についての考え方を変えてきている会社も増えています。

※1　間接差別とは、①性別以外の事由を要件とする措置であって、②他の性の構成員と比較して、一方の性の構成員に相当程度の不利益を与えるものを、③合理的な理由がないときに講ずること、をいいます（性差別指針第3の1）。
※2　2022年における雇用者の共働き世帯は1262世帯、男性雇用者と無業の妻からなる世帯は539世帯、となっています（令和5年版厚生労働白書より）。

221

＼ 現場から ／
だれかがつらい思いをしていない？

　　　はるか30年前、「女子は自宅通勤者に限る」などという採用がまかり通っていた時代、同級生の男性諸氏は、日本各地はもちろん海外まで出張や転勤でまわって視野を広げていっていて、「男の子には羽がはえてるなあ」と思っていました。あれから30年、時代は変わり、テクノロジーが進化して、働く環境は一変しました。

　第6章では、1日24時間しかない時間を育児と仕事にどう配分しながら、一度きりの人生をどう歩んでいくのか、という話をしてきました。そんな第6章の最後は、育児と仕事を両立していくにあたってのもうひとつの課題、人生を歩んでいく場所の移動についてです。

　30年前には空想の世界だった web 会議やテレワークがあたり前になった令和の今、転勤を見直す会社が増えています。

　転勤について、均等法では「女性が満たしにくい要件」なので、間接的な性差別にあたると位置づけているといえます。これは、見方をかえると「男性は転勤するものだ」という考えが根底にあるように思います。でも、夫である男性の転勤によって自分のキャリアをあきらめたり、ワンオペ育児でがんばったりしている女性、そして、転校で友だちとお別れしたり、片方の親と別々に暮らす子どもがいることも忘れないで、と伝えたいのです。

　法律が整えられ、テクノロジーが進化して、北海道と沖縄でも顔を見ながら話せる時代になっています。だから、子どもたちや配偶者につらい思いをさせなくてもいいような働き方もみつけられるのではないかと思うのです。一度きりの人生、だれもがやりたいことに全力投球できる時代になってほしいと思っています。

第7章

パパも活躍

Episode 7

オトコもつらいよ… 寅、育休を3回とるの巻

最後に寅の視点から、第1章から第6章までを振り返ってみます！

俺、寅です。7月に初めてパパになります

　さくらの夫、寅です。IT企業で営業の仕事をしています。中学から続けているテニスで鍛えたド根性が俺の強み。足とキャラと酒で顧客を獲得しまくり、ザ・昭和サラリーマンの営業課長ともうまくやっていて、営業は俺の天職だぜーとか思ってます。
　じつは今、さくらが妊娠中で、俺は7月にパパになるんです。
　さくらも仕事大好き人間で、学生時代に付き合っていたころから「妊娠出産しても仕事は続ける！」と宣言していたので、2人で協力して「共育て　共稼ぎ」ってやつにチャレンジです。

まずは産後パパ育休を喜んで3週間取得！

　さくらが産前休業に入る少し前のこと。さくらから「少しは休みとれるんでしょ？」と聞かれたんだ。ちょうどそのちょっと前に、「産後パパ育休」ってのがあるってことを社内クラウドで知ったんだよね。「なんじゃこりゃ？　男も育休とれるの？」と謎に思ってたところ。
　ちょうど担当役員が変更になって、なんだか男性育休に積極的っぽいからさ、俺が社内第1号でとってやろう！　なーんて思ってね。
　もとい、愛するさくらとわが子のため。「よし、任せとけ！」

第7章　パパも活躍

　……と、調子よく引き受けたけど、仕事の鬼の課長にはいつ言おうか。なんて言おうか…ってすんっごく悩んだ。「3週間休みます！」なんて言い出しにくいもんだなあ。女の人は、おなかが大きくなって一目瞭然だから「いつまで育休？」ってきいてもらえるから、いいよなあ。それにひきかえ男はつらいよ…。

　同僚や取引先の人には酔っぱらうたびに、「女の子がいいな〜」とか、「性格は俺で、顔はさくら似希望」とか勝手なこといって、酒の肴にされています。ま、俺が父親になるぞってはしゃいでるせいで、子どもができることはまわりのみーんな知ってるから、いざ育休取得、ってなったときも応援してくれそうで心強い。

　それにしても、まずは話しやすい人事の人からって思って聞いてみたけど「この書類出してくれればOK」と軽く言われただけ。でも、ザ・昭和、ザ・体育会系の課長にはちゃんと話通さないと、「聞いてねえ！」って怒るだろうな。うーん、いつまでも引き延ばしていても意味ないから今日伝えてみるか！

寅「あ、あの、すいませんっ！　子どもが生まれた後、自分たちの親とかには頼れなくて、3週間ほど休みたいんですが…。産後パパ育休ってやつが…」（⇒7-2，7-3）

課長「おお！　おめでとう！　いや〜いいことだ！　育児も大事な仕事だ！　すばらしい！」

225

寅「…課長、どうされたんですか？　なんか、テンションこわいっすけど…あ、でも、ありがとうございます！」

課長「あはは。やっぱりこういうのは苦手だー。こないだ管理職研修があってパタハラとか育休を申出しやすい環境整備とか習ってさ。セクハラ、パワハラ、やっとクリアしたと思ったら、今度は…。で、お前がいつ育休の話を出すかと思って練習してたんだよね」

寅「あ…そうなんですか…ある意味グッドタイミングですね！」

　…と、一応喜びを表現したつもりだったけど、顔は引きつっていたかも。ともあれ、鬼課長の変貌ぶりにはびっくりした。でも、まあ、産後パパ育休ゲットできてよかった！　さくら、大喜びだよな、きっと！　さくらの喜ぶ笑顔がみたいな、ほめてもらおーっと！

　…と思って玄関でいきなり発表したんだ。

　「ただいま ──っ！　パンパカパーン♬　わたくし寅は本日、育休をゲットしましたー！　３週間休みまーす！」

　って。なのに、なのに、さくらの反応はなんかイマイチ。どうしてなんだろう？

産後パパ育休からの復職

　長いようで短い３週間が終わったぜい。いや、自分、よくやった、と、自分で自分をほめまくりたい。まずはともあれ、育休にGO出してくれた課長に挨拶しなきゃな。お祝いもいただいたし。

寅「課長！　育休ありがとうございました！　そして、なんか、むちゃくちゃすてきな出産祝い、ほんっと、ありがとうございました！」

課長「いやあ、さっぱりわからなかったら嫁に相談したら、すっかり張り切っちゃってさ。ついでに20年前のうらみごと、たーんまり聞かされちゃったよ。私が出産した時は、あなた予定通り出張して、しっかりゴルフまでしてきたよね！　って。あの時代に、子どもが生まれたくらいで接待ゴルフ断れっか！　つーの…」

寅「…あ、そう、そうなんっすね！　では奥様にどうぞよろしくお伝え

第7章　パパも活躍

くださいませ」

　…いやあ、まいったな。また昭和のグチを聞かされるとこだった。よし、これからがんばるぞー。

育休1回目（1週間）

　育児も仕事もお互いうまくやっている…と思い込んでいたある日、とつぜん、さくらが爆発した。「どーしたんだよ？　とつぜん？」ときいたら、「とつぜんじゃないわよ！」とさらに爆発。

　彼女いわく、ずっと我慢していたそうだ。ん？　一体何に？　…って聞きたかったけど、それ聞いたらまた爆発するかも…と直感して、聞かなかったけど…。

　それにしても俺だって社内初の産後パパ育休をとってあげたのに、感謝されこそすれ、なんで、そんなに怒られなきゃならないんだ？　彼女はずっとワンオペだっていってたけどさ、俺だって仕事で疲れて帰ってきても百合の面倒見ているのに…。バリバリ昭和の課長みたいに、家族の大事なときにゴルフなんかに行ったりしないのに…さくらは「わたしばっかり」って言ってたけどさ、俺だってつらいんだよ〜。

　ま、とにかくさくらを悲しませたら元も子もないし、なんとか仕事の調整をしなきゃなあ。うん、また鬼課長に直訴してみよう！

寅「課長、12月頭に1週間だけ育休もらいたいんですが」（⇒7-6、7-7）

課長「え、また？　…とか言っちゃいけないんだよね…OK！　了解！でも、寅の奥さん家にいるんだよな？　…具合でも悪いの？」

寅「いや、カラダに悪いところがあるとかではないのですが、妻が4月に復職することになって、保活大変で、今、娘も大変な時期で…」

課長「あ、すまん、いらんことまで聞いて。他のメンバーの負荷が大きくならないように、しっかり仕事の段取りだけはよろしくな！」

寅「はい、まだ1か月以上あるし、今回は1週間なので、仕事前倒しで

227

進めて、みんなが困らないようにしておきます！」

　…うーん、課長に言ってもわからないだろーなー。前に飲んだ時、「俺は、子どもの入学式も卒業式も行ったことがない、なんなら入社して10年くらい１日も休んだことないし、年休の存在も知らなかった。昔のサラリーマンは休みの日しか熱なんか出さなかったんだ！」と時代錯誤なこと言ってたもんなあ…。

　それにしてもさ、さくらは、「たかが１週間」っていうけど、現状、男が育休とるのってスペシャルな理由がいるんだよなあ。１週間だと代替の人が来るわけでもない…結局、俺が抜けた分の仕事をだれかがしなきゃいけないんだからなあ。その間、残った人たちの負担が増えるよなあ…。これが夏休みだったら「おかげさまで、夏休み楽しく過ごせました！」って、お土産を配ってまわれるんだけどね、育休の場合は…百合を連れてきて挨拶にまわるわけにもいかないしなあ…。

　…といいつつ、あっという間に嵐のような１週間が過ぎちゃったぜ。正直百合の相手をずっとしていると、かなりヘロヘロになって仕事のほうがよっぽどラクだ！　って思うけど、でも、さくらの生き返ったような表情をみているとやっぱうれしいし、安心するな。子どもにとっても、親が笑顔でにこにこしていたほうがいいに決まってるもんね。

　それに俺にだってパパ友ができちゃったもんね〜。もう少し大きくなったら子連れで飲みに行く約束しちゃったもんね〜ファミレスで昼飲み、だけど。

育休２回目（４／１〜ゴールデンウィーク）

　いやあ、まいったぜ。さくら、「育休は百合の１歳の誕生日まで！」ってドヤ顔で俺に言ってたけどさ、なんとそんなにマックスとってちゃ、４月に保育園に入園できないらしい。さくらはお得意様から「ぜひ４月から一緒に！」と誘われている仕事があるからって、超うれしそうだっ

第7章　パパも活躍

たから、なんとか4月入園できるよう会社に働きかけて育休短縮の手続きをしたみたいだ。思っていたよりいろんな制約があるもんだな。

　それにしても4月から保育園…って単純にその文字通り、4月から預けられると思ってたんだが、なんと！　世の中には「慣らし保育」（⇒4-5）ってもんがあって、その期間は午前中とか短い時間しか預かってくれないそうな。そんなん今まで知らんかったし…。でもさくら、大はりきりだしな…そこは俺がフォローしないとな、と思っていたら、「次は寅が育児！　私は仕事に全力投球させて！」とさくらに先にいわれちゃって。俺が4月からゴールデンウィークの前まで育休とることになったんだな、これが。

　それを正月休みに2人で決めたんだけど…正直、男で産後パパ育休とあわせて3回目で、1か月。さすがにハードル高いよなあ〜言い出しづらいな———！　でも、とるならとるでいろいろ準備も必要だし、早めに言わなくちゃな！

　パパ友の中には「生後半年で妻と交代で育休をとって、妻の苦労がわかった」とか、「3回とって妻にすごく感謝された」とか、「職場復帰したときは浦島太郎になるかと思いきや、仕事をすごく効率的に進められ

229

るようになってた」…とかいう人もいたしな。うん、ネガティブに考えるのはやめよう！　みんなで幸せになるためのものなんだから！　よし、正月休み明けにすぐに課長に伝えよう！

寅「課長、たびたび大変申し訳ないんですが、妻の職場復帰と交代で、4月1日からゴールデンウィークの前まで育休をとりたいのですが…」
課長「…1か月？　…4月にか？　…3回もとれるのか？　その育休ってやつは…？」
寅「いやっ！　すいません！　法律では産後パパ育休と通常の育休は別で…いや、でも、ちょっと確認します。課長！　すいません！　いったん忘れてください！」

　いやあ〜そうだよな…そりゃそうだよな…まあでも「なんだと?!」「ふざけんな！」なんて怒鳴られないぶん、マシかなあ。うーん、この後、どうやって課長に納得してもらおう…そうだ、さくらがよく口にしていた労働局に、俺も相談してみるとするか…。

寅、はじめて労働局に電話

寅「よく妻のさくらから労働局のことは聞いていたので電話してみたのですが…じつは、育休から復職する妻と交代で、4月からゴールデンウィークの前まで育休とりたくて。上司に報告したんですが、なんというか、驚愕されてしまって……産後パパ育休とあわせたら3回目の育休なんですけど…」
コキン「はい、こちら困ったときの労働局です。ワタクシ、コキンと申します。そうなんですか。男はつらいよ…ですね。まず、法律では、

　　⇒ 7-2 パパの育休　基本の「き」

ということで、もちろん育休はとれますし、まさに寅さんみたいなとり方ができるように法律が改正されたんです。でも、『法律ではとれることになってるから、どんどんとっちゃってください』って言われたって、

230

第7章　パパも活躍

現場は対応しきれていないかもしれませんし、まだ少数派の、男性の育休ならではのハードルってありますよね。女性のケースでも、派遣労働者の育休第1号、その職場での育休第1号など、いろいろ応援してきましたけど、第1号って気力や体力がいるんです、やっぱり。でも、今では、女性が育休とるのはあたり前になって……だから、同じように男性についても時計

の針を早めて少しでも早く、子どもが生まれたら男性も育休があたり前の時代に…って、それはワタシの仕事。寅さんは今、困っているんですものね」

寅「はい、なんか、俺、上司から大事な仕事任せてもらってるのに、その信頼を裏切ったんじゃないかと落ち込んじゃって。でも、さくらとは育休とるって約束したし」

コキン「サラリーマンにとって上司って最強ですもんね。寅さんの上司って、たぶん私と同世代だと思うんですけど、若いころは『24時間はたらーけますか♬』なんてコマーシャルが流行ってたんですよ。私の同級生なんて、この間『年休なんかとったことないから、とり方わからん』って、自慢げに言ってました」

寅「ああ！　そういえばうちの課長も、10年間休んだことなかったとか、わが子の入学式も卒業式も行ったことないとか、それって自慢？　って思うようなことを自慢していました」

コキン「はい、老若男女いろんな人の価値観、立場がありますよね。でもね、寅さん、その老若男女みーんな、お母さんのおなかから生まれた

231

んです」

寅「ん?! いきなり? そ、それは生物学的にそうではありますが…」

コキン「ふふふ。変なこと言ってごめんなさい。育休事案で行き詰まると、ワタシが心の中で唱えるおまじないなんです。『お母さんのおなかから生まれた』って、なんか、うまくいえないんですけど、いろんな人の立場はありますが、育休って、誕生した小さな命を大切に育てるという尊いことの話。もっとおおきなゆるっとした気持ちで考えると、上司の方の立場もわかって、どう上司に納得してもらえるか、手がかりがみえてきたりするかも、です」

寅「そっかー。たしかに俺も小さいころは、オヤジには平日会ったことなかったです。さくらのためといいつつ、3回目、しかも4月って…って言いづらすぎて、勢いだけで、『法律ではとれることになってます』ってな言い方で、課長に向かっていたかもしれないです。でも仕事はきっちりしないと厳しい上司なんで、仕事をどう段取りするのか、復帰後はその分どうがんばるか、俺らしく、暑苦しく語ってみます!」

コキン「そうです、寅さん! その勢い! その熱意です! それが人を動かすのです! 時代は変わってきていますから、その時々の社会環境にあわせて法律や制度なんかも変わっていきますけど、『人類は皆母から生まれた』ってのは不変です! そんなおおきな生命の流れも頭の片隅におきつつ、現実の仕事で自分はどうしていこうと考えているのか、どうできるのか、ぜひ課長さんに伝えてみてくださいね!」

　…そんなこんなでコキンさんのエールのお陰で俺は課長からOKをもらうことができて、1か月の育休も無事ゲット。わが社は男女を問わず活躍できる人気のIT企業って思ってたけど、なんと俺が男性育休第1号だっただけじゃなく、育児短時間勤務も男性初だったらしく、社内報にわが家の事例が掲載された。後輩たちにも、制度のことや取得の仕方、そして何より妻とともに「共育て」するコツや秘訣なんかを伝えていった。

そしたら後輩の友人が、人事専門雑誌の編集者だったらしく、その編集部から取材依頼が…さらにしばらくすると、とある人事系 youtuber の「男性育休」動画のゲスト出演にも引っ張り出されて…社内外によき影響を与えてくれたと、なんと社長からもねぎらわれ……ってことは、逆にいえばよほど珍しいことなんだよね。まだまだこの日本には男の育休は浸透していないんだな、って実感したんだ。

　よし！　そんなら自分が広めてやる！　って、これまた熱が入っちゃって、希望して人事課へ異動させてもらったんだ。そこで、今は、俺自身の経験を生かしてパパの育休の浸透や社内の両立支援制度の拡充を画策中なのである。管理職に向けて、部下の産休・育休に関する研修や、パパ育休についてのセミナーは、定期的に開催するようになったから、当社としての第一歩は進められたかな。

　そして、その研修の一環で、産休・育休のバイブルになる本を作ることになった。そう、それが本書というわけだ。ぜひ、みんなの感想を聞かせてもらいたいな。とくに俺の鬼課長のような、バリバリ昭和を突っ走ってきた管理職からの声、楽しみにお待ちしています！

FIN

7-1 子育てに関する制度は すべてパパも利用できる

ママとなる女性向けの解説本はたくさんありますが、パパとなる男性向けの詳しい解説本はあまりありません。そこで、ここではパパ向けに特化して、知っておいてほしい制度をとことん解説します！

　本書の第6章までの記載は、基本的にすべてパパにも該当しますが、母健措置や産前産後休業など妊娠・出産にまつわる制度は、女性のみが対象となっています。（第1章、第2章）

　一方で、男性だけが対象となっている制度として、産後パパ育休があります。（⇒7-2，7-3）

　また、男女共に利用できる制度であっても、育休など、産休のある女性とは、申出のタイミングや手続きの流れが異なる制度もあります。（⇒7-5）

　詳しくは右頁にある「男女別！　利用できる制度一覧」で示している「本書での解説欄」を参照してください。申出のタイミングやいつ使えるのかが気になる場合は、巻末の「妊娠・出産・育児」年表も参考にしてみてください。

　第7章では、男性の各種制度の利用方法にフォーカスして説明します。当事者のパパ・ママだけでなく、会社で人事労務管理を担当する方にも知っておいてほしい内容です。

第 7 章　パパも活躍

男女別！　利用できる制度一覧

制度	条文	本書での解説	女性	男性
健康診査等の時間確保	均等法12条	2 - 2	○	
母性健康管理措置	均等法13条	2 - 3	○	
妊産婦等の危険有害業務の就労制限	労基法64条の 3	2 - 1	○	
妊産婦の時間外労働、休日労働、深夜業の制限	労基法66条 2 項、 3 項	2 - 1	○	
妊婦の軽易作業への転換	労基法65条 3 項	2 - 1	○	
産前産後休業	労基法65条 1 項、 2 項	3 - 2	○	
育児時間	労基法67条	6 - 1	○	
育児休業	育介法 5 条、他	3 - 3	○	○
産後パパ育休	育介法 9 条の 2 、他	7 - 2 7 - 3	△※	○
育児のための短時間勤務	育介法23条 1 項	6 - 2	○	○
柔軟な働き方を実現するための措置	育介法23条の 3	6 - 3	○	○
子の看護等休暇	育介法16条の 2 、16条の 3	6 - 4	○	○
所定外労働・時間外労働の制限	育介法16条の 8 、17条	6 - 5	○	○
深夜業の免除	育介法19条	6 - 6	○	○

※養子を迎えた女性も対象

＼忘れないで！／
年次有給休暇

　本章では、育児中に使える制度について説明していきますが、老若男女問わずだれでも、どんな時でも使える、「年次有給休暇（年休）」もあります。年休は理由を問わずとることができるため、子どもが生まれるときや熱を出したときにも当然使うことができます。週 5 日勤務で半年以上働いている人は必ず10日間の年休を持っているはずですので、有効活用しましょう。

　年休の付与日数については、4-9 の表を参照してください。

7-2 パパの育休　基本の「き」

オトコにだって「育休」はあります！　とくに子どもの出生直後にとれる「産後パパ育休」は、途中で就労することも可能な柔軟な制度。ちょっと複雑ですが、まず全体像をつかみましょう！

1　産後パパ育休

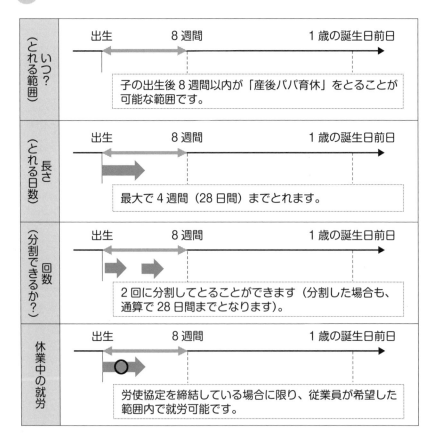

（とれる範囲）いつ？	子の出生後8週間以内が「産後パパ育休」をとることが可能な範囲です。
（とれる日数）長さ	最大で4週間（28日間）までとれます。
（分割できるか？）回数	2回に分割してとることができます（分割した場合も、通算で28日間までとなります）。
休業中の就労	労使協定を締結している場合に限り、従業員が希望した範囲内で就労可能です。

❶の「産後パパ育休」とは、子の出生後8週間以内に特化したパパのための休業で、正式名称を「出生時育児休業」といい、休業途中の就労が可能です（育介法9条の2・9条の3・9条の4・9条の5）。（⇒7-3）

❷の「育児休業」とは、男性も女性もとれる、元祖ともいえる「育児休業」です（育介法5条・6条・7条・8条・9条）。

パパは、「産後パパ育休」と「育児休業」のどちらかだけをとることも、両方とることもできます。第7章では、「産後パパ育休」と「育児休業」をあわせて「育休」とよぶことにします。

❷ 育児休業

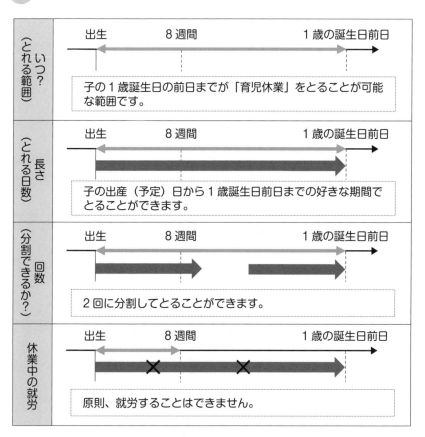

7-3 「産後パパ育休」をとことん解説

「産後パパ育休」っていったいなに？　どうすれば就労できるの？
そんな疑問をとことん解説します！

　本節では、令和4年10月1日にスタートした「産後パパ育休」について詳しく説明します。

1　「産後パパ育休」とは

　「産後パパ育休」（正式名称「出生時育児休業」）とは、ママの産休期間にパパがとれるスペシャルな育休です。とれる長さや回数などは前節で確認してください（育介法9条の2）。

2　「産後パパ育休」がとれる人

　ママの産休は、入社してすぐでも、パート・アルバイトや派遣労働者でも必ずだれでもとれます（⇒第3章）。このママの産休にあたる期間にパパがとれるのが「産後パパ育休」なので、いわゆる元祖の「育児休業」よりはとれる人の範囲が広くなっています（育介法9条の2）。

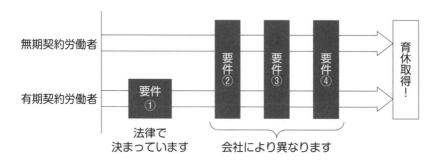

238

第7章　パパも活躍

（1）有期契約労働者の要件（育介法9条の2第1項）

要件①　申出時点で、<u>出生後8週間を経過する日の翌日から起算して6か月を経過する日までに</u>労働契約期間が満了し、更新されないことが明らかでないこと

（2）労使協定で対象外としている場合（育介法9条の3第2項、育介則21条の3）

要件②　育休を申出る時点で、入社1年以上であること

要件③　申出の日から<u>8週間以内に</u>雇用関係が終了することが明らかでないこと

要件④　1週間の所定労働日数が2日以下でないこと

　元祖の「育児休業」と異なるのは、要件①と要件③の下線部分で、1年後に雇用関係が終了することが明らかな従業員も「産後パパ育休」はとれます。

③　お金のこと

　「産後パパ育休」中は、「<u>出生時育児休業給付金</u>」が出ますし、要件を満たせば最大28日間は「<u>出生後休業支援給付金</u>」（令和7年4月1日施行）の対象にもなり、手続きをすれば、社会保険料も免除されます（⇒3-9）。これらのことから実質の手取りは約10割、すなわち、働いているときとほぼ同じ金額が補償されます。

④　「産後パパ育休」中に就労するには

（1）会社の方針を決める

　「産後パパ育休」中に就労できるようにするのか、それとも一切させないのかなど、会社の方針を労使で話し合います。

（2）労使協定を結ぶ

　就労できる制度とする方針が固まった場合は、労使協定の締結を行います（育介法9条の5第2項、育介則21条の15）。労使協定という

239

と大変なことのように感じますが、やり方さえわかっていれば、そんなに難しいことではありません。245頁に労働組合がある場合の労使協定例を掲載しています。

（3）就労する場合の対応フロー

　以下の①〜④の順番で対応し、休業開始前日までに③まで完了させ、速やかに④を通知しなければなりません。すべて書面での対応が基本となります（育介法9条の5第4項、育介則21条の16）。

① 　就労を希望する従業員から「就業可能日・時間・就労条件（テレワーク等の希望）」の申出をする。
② 　会社から就業日等の提示を行う（就業させない場合もその旨提示する）。
③ 　従業員から②の内容に対して、同意・不同意の回答を行う。
④ 　会社から「就業日等通知書」を交付する。

（4）就労には上限がある

　「休業中なのにほぼ働いていた…」では育休とはいえないので、就労可能な日数と時間には、以下の通り上限があります（育介則21条の17）。
① 　休業期間中の所定労働日数の半分以下であること
② 　所定労働時間数の合計の半分以下であること
③ 　休業開始日と終了日は所定労働時間数未満とすること
　　（＝丸一日働かせてはいけません）

5　産後パパ育休の具体例

　「産後パパ育休」は、子どもが生まれてから8週間たつまでのとても大変で大切な時期に、仕事と調整しながらでもよいのでちゃんと休めるように、と新しくできた制度です。このため「より柔軟に」使えるようになっていますが、そのぶん、とても複雑です。

　どんなふうに使うことができるのかイメージがつかめるように、11/11に予定日通りに子どもが生まれた場合について、カレンダーに

第7章　パパも活躍

してみました。11/11（▼印）から1/6（◢印）までが産後パパ育休
をとれる期間で、土日が休みの会社の例です。

例1　おばあちゃんとバトンタッチしながら

月	火	水	木	金	土	日
11/9	10	11 出生日	12	13	14	15
16	17	18	19	20	21	22
23	24	25	26	27	28	29
30	12/1	2 10時〜15時	3	4	5	6
7	8	9 10時〜15時	10	11	12	13
14 10時〜15時	15	16 10時〜15時	17	18	19	20
21	22	23	24	25	26	27
28	29	30	31	1/1	2	3
4	5	6	7	8	9	10

・2人目の出産で、11/22（日）〜11/27（金）まではおばあちゃんが
　ヘルプに来てくれるケースの例です。
・ママの入院中の上の子の世話があるので、1回目の産後パパ育休を
　11/11（水）〜11/20（金）までとります。
・産後パパ育休の日数は暦日で数える（お休みの日も含めた期間）の
　で、10日間とったことになり、28日−10日＝18日残ります。
・この残りの18日間をおばあちゃんが帰った後の11/30（月）〜12/17
　（木）まで2回目の産後パパ育休としてとります。
・2回目は、どうしても外せない仕事のある4日間について、上の子
　を保育園に送迎し、5時間だけ働きます。

　このように産後パパ育休をつかうことで、ママと赤ちゃんは無事に
1か月健診を迎えられます。

241

| 例2 | 忙しいパパでもこのくらいなら |

月	火	水	木	金	土	日
11/9	10	11 出生日	12	13	14	15
16	17	18	19 10時〜14時	20	21	22
23	24 10時〜14時	25	26 10時〜14時	27	28	29
30	12/1	2	3	4	5	6
7	8	9	10	11	12	13
14	15	16	17	18	19	20
21	22	23	24	25	26	27
28	29	30	31	1/1	2	3
4	5	6	7	8	9	10

・産後パパ育休の解説は、例1のようなMAXでとる例が多いの
で、ハードルが高いと感じる人が多いかもしれません。そこで<u>13日
間だけ</u>、<u>在宅勤務もしながらとる例</u>も紹介しておきます。

・1人目の出産だと、例1のように上の子がいるわけはないので、赤
ちゃんとママの退院にあわせ、11/18（水）〜11/30（月）の<u>13日間
産後パパ育休</u>をとります。

・産後パパ育休中、はずせない仕事のある3日間、10時〜14時まで在
宅で仕事をして、その前後で家事をがんばります。

　こんなとり方も産後パパ育休ならではです。ちゃんと産後パパ育休
として手続きをすれば、国からの給付も受けられるので、会社として
は、その分の人件費をうまく使うことも考えられます。

第7章　パパも活躍

【労使協定の例】
労働者の過半数で組織する労働組合がある場合

○○株式会社と□□労働組合は、○○株式会社における育児・介護休業等に関し、次のとおり協定する。

（出生時育児休業中の就業）
第○条
　出生時育児休業中の就業を希望する従業員は、就業可能日等を申出ることができるものとする。

　　　　　　　　　　　○年○月○日
　　　　　　　　　　　　　○○株式会社　代表取締役　○○○○
　　　　　　　　　　　　　□□労働組合　執行委員長　○○○○

※労働者の過半数で組織する労働組合がない場合は、労働者の過半数を代表する者と協定を結びます。

＼現場から／
パパの育休で救われる?!

　出産するのは女性ですが、それぞれに、いろんな事情をかかえて出産に臨んでいるものです。小さな第1子の世話をしながら、体調が悪いまま出産に臨むような人だっています。そんなとき、頼りにできる人がいないと、子どもの面倒をみる人もいなくなり、出産では何が起こるかわからないし、女性は窮地に立たされます。だからパパになる男性が「俺がついてる！」って言いたいのに、育休がとれなくて、会社とトラブルになった事例もみてきました。
　令和4年に施行された「産後パパ育休」は、法律上、育休をよりとりやすいしくみになっています。会社の方には、「雇用契約が切れるから」とか「責任ある立場なのに」とか言わないで、男性が育休をとれるようにしてほしいと思います。いまは能力のある人ほど、転職も容易です。男性だって、育児が理由で会社を辞める時代なのです。

243

7-4 「産後パパ育休」でとる？「育児休業」でとる？

子どもが生まれた直後は「産後パパ育休」をとるものと思っている人が多いようですが、じつは「育児休業」もとれるのです！ どのように選択したらよいか、具体例と図で説明します。

1 出生後8週間を超える場合または出生後8週間以内で28日間を超える場合

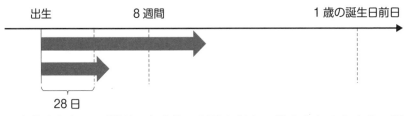

　育休をとりたい期間が出生後8週間を超える場合または出生後8週間の範囲内でも日数が28日を超える場合は、「産後パパ育休」の要件を満たさないので、「育児休業」をとることになります。

2 出生後8週間以内で28日間以内の場合

　育休をとりたい期間が出生後8週間の範囲内でかつ日数が28日以内という「産後パパ育休」の要件を満たす場合は、どちらの育休もとることができますが、まずは「産後パパ育休」をとることをおすすめし

ます。そうすることで、いつか必要となった時のために「育児休業」を温存しておくことができます。

③ 途中で就労したい場合

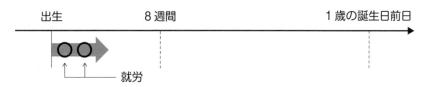

育休の途中で就労できるのは「産後パパ育休」だけです。育休期間中に就労予定があり、育休をとりたい期間または日数が「産後パパ育休」の範囲をこえる場合は「育児休業」と組み合わせることもできます。

④ 分割したい場合

育休をとりたい期間が出生後8週間以内かつ合計28日以内の場合は、「産後パパ育休」をおすすめします。そうすることで、「育児休業」を温存することができます。

2回目の育休を長くとりたい時や出生後8週間以内に3回目の育休を開始したい場合には、図のように「産後パパ育休」と「育児休業」を組み合わせてとることもできます。

7-5 早く生まれたとき、遅く生まれたとき

赤ちゃんは、予定通りにはなかなか生まれてこないもの。パパには「産休」はないだけに、出生日のズレは育休予定に大きく影響します。どんなとり方があるか説明します！

女性が育休をとる場合は、産後休業の終了日の翌日から育休が始まることになりますが、男性には産後休業はないので、赤ちゃんが生まれてくる「予定日」から育休をとれることになっています。では、赤ちゃんが予定日通りには生まれてこない場合はどうなるのか、詳しくみていきましょう。

1　子どもが生まれる前に男性が育児休業を申し出る場合

（1）開始予定日
　開始予定日として指定できるのは、早くて「出生予定日」となります。
（2）繰上げ・繰下げ
① 　法律上では？
・育休開始日の繰上げ（＝早くすること）は、出生が早まった場合など、法定事由を満たす場合に1回だけ可能です（育介法7条1項、育介則10条、育介法解釈通達）。
・育休開始日の繰下げ（＝遅くすること）について法の定めはありません（育介法解釈通達）。会社がすでに代替要員を確保していて、育休をとる従業員が予定通りに育休に入らないと人件費が二重になる場合もあるので、従業員の希望だけで開始日を遅くすることはできないことになっています。
② 　実際の対応は？
　開始予定日の繰上げや繰下げについては、会社の雇用管理への配慮

第7章　パパも活躍

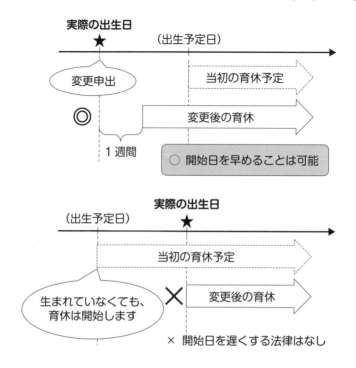

から法律では厳格に定められていますが、会社が開始予定日の変更を柔軟に認めた場合、育児休業給付金や社会保険料の免除で不利になることはありません。一方で、従業員としても年休などを使うことで、適宜対応を工夫する必要もあるかもしれません。

以下、具体的にみていきましょう。

2　早く生まれたとき

なるべく早く育休に入りたい場合、会社に開始予定日の繰上げの申出をすることになります。会社は申出通り繰上げを認めるか、難しい場合は申出から1週間以内の日で開始予定日を指定することになります（育介法7条2項、育介則14条）。

育休にこだわらないのであれば、年休や会社独自の配偶者出産休暇のような特別休暇で休む方法もあります。

247

（1）第1子の場合

　出産後1週間くらいはママと赤ちゃんは入院しているので、面会可能時間に病院に通う方が多いと思います。退院日から、パパがしっかり育休がとれるよう、すぐに開始日の変更申出をしましょう。

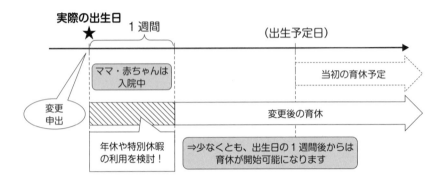

（2）第2子以降の場合

　第2子出産の場合は、ママが入院したその時から上の子のお世話も必要になり、開始予定日の繰上げが難しい場合は、年休などを利用することになります。年休の場合は給料が発生しますが、法律上の育休の場合は公的な給付金の対象となりますので、会社の人事担当者の方には、いずれにせよ従業員が出勤できない状況であるならば、法律上の育休として取り扱うことをおすすめします。

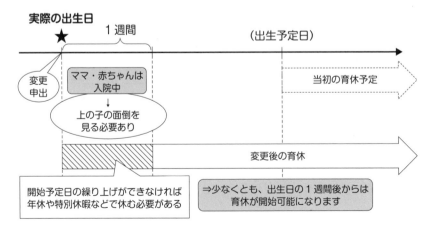

第7章 パパも活躍

③ 遅く生まれたとき

　法律通りであれば、開始予定日の繰下げは従業員の希望のみではできないので、すでに出産予定日を開始予定日として申し出ている場合は、子が生まれていなくても育休は始まってしまいます。ただ、双方話し合いのうえ繰下げることは可能です。

　人によって対応を変えると公平性を欠くことになるので、開始予定日の繰下げ規定を検討しているという会社もあるようですが、どのような規定にするのか難しいところです。規定とまではいかなくても運用上のルールを決めておくといいかもしれません。

＼ 教えて！ ／
産後パパ育休は、なんのため？

　　出産直後の6～8週間は「産褥期」とよばれ、ママはとにかく身体を休めることが大事な時期であるうえに、生まれたばかりの赤ちゃんのお世話はとても気をつかうもので、たいへんです。以前は、この時期は、実家の母の出番！　ということが多かったかもしれませんが、令和の時代は「生まれてきた子の父」の出番！　なのです。

　　産後パパ育休は、途中就労が認められているのが特徴ですが、これは、出産のダメージを受けていないパパならば、どうしても外せない仕事は引き受けつつも、全力で、生まれてきた子と産後のママのサポートができるはず、というイメージでとらえてもらえればと思います。

　　また、産後パパ育休は最長で28日間とれるとされていて、通常の育児休業と区別されていますが、これは、年休の20日に休日を含めた日数分くらいは、ふだんから休みがとれるような体制を整えておいてほしい、という考えによるものです。

249

7-6 いつとる？ 何回とる？

法律で決められている男性向けの「育休」は大きく2つ。でも、自分は何回とるか、いつとるか、イメージはわきにくいもの。ここで具体的に考えてみましょう！

法律の話はさておき、本節からは、具体的なとり方シリーズです。

会社から「育休取得率のために育休とって！」と言われたからとった、そして、「とるだけ育休」と言われ、ママには邪けんにされた、などということがないように、いつ、どんな時期にパパが必要とされるのか、どんな制度を利用できるのか、前提として知っておきましょう。

(1) 産後8週間くらい

1か月健診が終わるまでは、ママは産後の身体の回復が必要な時期なので、できるだけパパが育休をとるといいと思います。7-4も参考に「産後パパ育休」「育児休業」の分割などをフル活用してみてください。日中にパパが家事・育児を担当することで、夜間授乳などで、慢性的な睡眠不足になっているママは産後の身体を休ませることもできます。

(2) ハイハイ・つかまり立ちを始める時期／夜泣きの時期

3か月健診を過ぎたあたりからは、月齢が同じくらいの子を持つママ友ができたり、児童館や赤ちゃんスペースなどに通い始めたりと、生活ペースができてくるママも多いと思います。そのような時期、パパは育児短時間勤務や所定外労働の制限を利用することもできるので、ママの育休中はママにすべてお任せ、というのではなく、第6章

も参考にして、働きながら使える制度を利用するといいでしょう。

　生後6か月〜11か月くらいになると、ハイハイ・つかまり立ちが始まることも多いでしょう。そうするとそれまで以上に赤ちゃんから目を離せなくなります。離乳食が始まったものの、夜間授乳もまだ続き、夜泣きもあったりしてますます睡眠不足になるママもいるかもしれません。このころ、パパが仕事を調整して短期間でもいいので育休をとる、という選択も考えられます。

（3）ママの復職応援時期

　ママの職場復帰が決まったら、その前後にパパが育休を取得して、慣らし保育対応などもできるといいですね。入園直後の赤ちゃんはよく熱も出すので、パパは大活躍できるかもしれません。また、ママの育児休業期間中にパパの育児休業がスタートすれば、パパ・ママ育休プラスという制度も使えます。（⇒7-8）

（4）ママが繁忙期に一度復職

　ママの仕事内容によっては、育休分割を利用して1歳までに一度復職し、気になる仕事をこなしてから、もう一度育休を取得する、というキャリアを見据えた働き方をする人もいるかもしれません。そのような時も、パパが育休を取得して、子育てにしっかり向き合うことができるといいですね。

（5）何回とるか

　「産後パパ育休」（2回分割可）と「育児休業」（2回分割可）をあわせると、子の1歳誕生日前日までに最大4回まで取得できますが、長い休みを1回とるのがいいのか、細切れに何回にも分けて休みをとるのがよいかは、仕事や家庭の状況次第です。7-7、7-8などにもさまざまなパターンを掲載しています。ぜひ参考にしてみてください。

251

7-7 シチュエーションごとの育休のとり方

前節で説明した、いろいろなシチュエーションを想定した男性の育休活用法（とり方）を、こんどは図にして紹介します！

1　子が生まれてすぐ

産後の大変な時期にパパが育休を取得し、ママや家族を支えるパターンです。

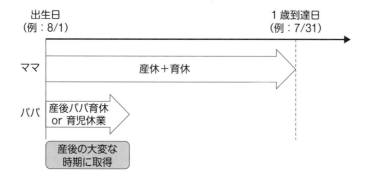

2　ママが早めに職場復帰

パパが後半で育児休業を取得し、睡眠不足のママにかわって子どもの面倒をみたり、ママの復職準備を応援したりするパターンです。

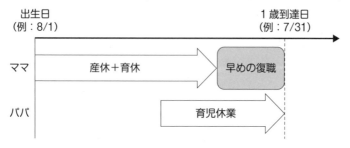

3 まとめて長くは休めないけど

パパが最大4回可能な分割取得をフル活用するパターンです。各家庭の事情にあわせて、短めの期間を複数回取得するという方法もあります。

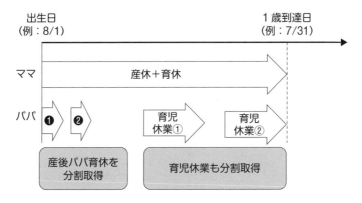

4 ママが繁忙期にいったん復職

ママも育休の分割取得が可能です。仕事の状況に合わせていったん復職しても、1歳までなら再度育休を取得することも可能です。パパはママがいったん復職している期間に育休を取得します。

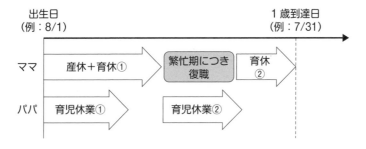

5 ママの大変な時期をとことん支える

　出産直後の大変なときにまず産後パパ育休をとり、夜泣きの時期に1回目の育児休業を取得、そして2回目の育児休業をママの復職にあわせて取得し、さらに「パパ・ママ育休プラス」も使うというパターンです。ママは体調を整えることもできて、安心して復職できることでしょう。

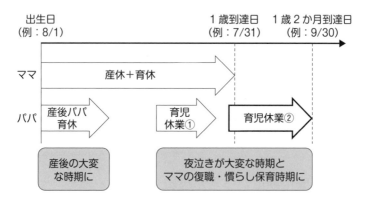

6 2人でがっつり育児

　育休は男女同じように取得可能です。パパとママが一緒に1歳前日まで育休することもできます。

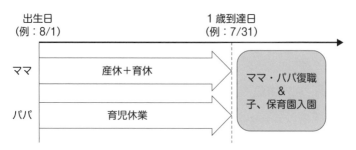

7 ママが入社してすぐで育児休業給付金がもらえない

　ママが入社1年未満で、育休取得要件や育児休業給付金の受給要件を満たさない場合、産後休業後、すぐに復職しなければなりません。産休からの復職後、要件を満たすまで勤務すれば、その後に育休取得や給付金の受給が可能となることもあります。そんなときに、ママの復職中にパパが育休を取得するパターンです。

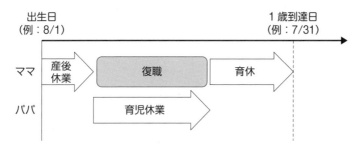

8 ママが雇用者でない（自営業、フリーランス等）

　ママが会社に雇用されない働き方をしている場合、法律に基づく産休・育休はありません。パパが会社員など育休をとれる立場であれば、ママの仕事の状況にあわせて、産後パパ育休・育児休業を分割取得し、そのほか育児短時間制度なども利用して、子育てを協力してやっていくことをおすすめします。

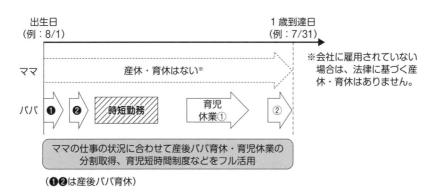

7-8 「パパ・ママ育休プラス」を使った育休のとり方

パパもママもどちらも育休を取得したら、育休をとれる期間が延長されて、子どもが1歳2か月になるまでプラスに！ うまく使えばわが子の保育園デビューやママの復職をサポートできるはず。

続いて、「パパ・ママ育休プラス」を使ったら、どんなふうに何が「プラス」されるのかみてみましょう。

1 パパ・ママ育休プラスとは

「パパ・ママ育休プラス」は、両親がともに育児休業をとり、以下の要件を満たした場合に、育児休業の対象となる子の年齢が1歳2か月にまで延長される制度です（育介法9条の6、育介則22条）。

〈要件〉
① 配偶者が子が1歳に達するまでに育児休業を取得していること
② 本人の育児休業開始予定日が、子の1歳の誕生日以前であること
③ 本人の育児休業開始予定日は、配偶者がしている育児休業の初日以降であること
※1人あたりの育休取得可能最大日数（産後休業含め1年間）は変わりません。

2 「パパ・ママ育休プラス」を使うとこうなる

前節（7-7）のシチュエーション ④「ママが繁忙期にいったん復職」でパパ・ママ育休プラスを使うとこのようになります。

(1) ママがいったん復職！

パパ・ママ育休プラスがなかったら、育休は子どもが1歳になるま

でですが、パパ・ママ育休プラスを使うと、子どもが1歳2か月になるまで育休をとれるので、復職の期間や保育園の入園時期などの選択肢が広がります。

通常の育児休業では…

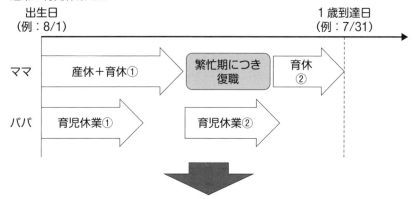

「パパ・ママ育休プラス」を利用すると…

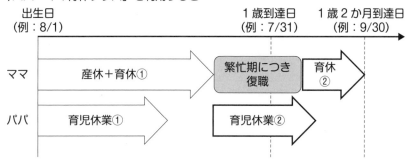

3　プラスが使えないとき

　パパ・ママ育休プラスを利用するには、自分より先に配偶者が育休を始めている必要があり、産休の取得のみでは要件を満たしません。
　また、育休を取得できる期間は、パパ・ママそれぞれについて通算365日間（ママは産後休業も含めて365日間）です（育介法解釈通達）。出生日から1歳2か月までずっと休めるわけではありません。

7-9 「育休」だけじゃない！パパが使える制度

パパの活躍のチャンスは育休時だけではありません。子どもの発熱や保育園の送り迎えなど、活躍の場はたくさんあります！　どんな制度が使えるのか、具体的な場面を想定して紹介します。

1　育休以外にパパがとれる制度

育休から復帰したあとも、あたり前ですが、子育てはまだまだ続きます。第6章で紹介した下図の制度は、もちろんパパも活用できます。

働きながら子どもを育てるための制度の全体像

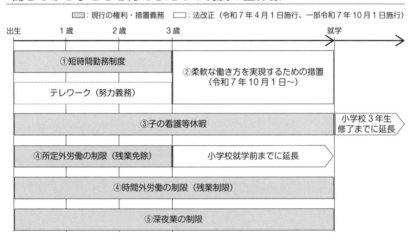

2　実際、どのような時にパパは活躍できるのか

「パパは短時間勤務なども利用できる」ことなど、先例もあまりなく、まだまだ知られていないようです。「こんな使い方もあります！」

というケースを4つ紹介します。

【ケース1】子どもが熱を出した
──利用する制度：子の看護等休暇

子の看護等休暇は、もちろん男性も女性と同様に取得できます。子の出生日以降からすぐに取得できるので、育休を取得しない場合には、0歳から活用できます。たとえば、第2子が0歳でママは育休中の時に第1子が病気になった場合、ママは第2子とお留守番、パパが第1子を病院へ、という対応も可能です。

ママの復職後は、パパも、もちろん子の看護等休暇がとれるのですから、パパとママが協力して子どもの病気に対応していけると安心です。どうしてもふだんの子育てでママを頼ってしまうようなご家庭では、子どもの発熱時こそパパの出番かもしれません。

男性社員が子の看護等休暇を利用することを、会社としても「母親がいるじゃないか」などと言わず、自然なこととして受け入れてください。

【ケース2】保育園のお迎えはパパが担当
──利用する制度：所定外労働の制限・時間外労働の制限

ママが仕事と育児の両立に慣れてきて、ママ自身のキャリアと向き合った時に、ママがフルタイムで働くというご家庭もあるでしょう。そうでなくても、パパが保育園のお迎え担当かもしれません。

そんな時、パパができるだけ「残業をしない」という選択ができます。所定外労働や時間外労働の制限を申し出ることで、周囲にも早く帰る必要のある人だと認識してもらえるかもしれません。ある一定期間だけ請求するということも可能なので、うまく活用できるといいですね。

【ケース3】ママの繁忙期を支える
──利用する制度：育児短時間勤務

ママの繁忙期などに、パパが育児短時間勤務を利用するという方法もあります。帰宅後、子どもの晩御飯、お風呂、洗濯、日々の買い物

259

まですべて終わっていたら、ママも繁忙期を乗り切れるかもしれません。夫婦・家族の絆も深まるのではないでしょうか。

【ケース4】ママが夜勤をする
——利用する制度：深夜業の制限

たとえば、ママが看護師で夜勤をする場合、パパが深夜業の免除を請求すれば、ママが夜勤日の子どもの世話はパパがするということもできます。

③　子どもが3歳になった後の新制度にも注目！

令和7年10月1日スタートの「柔軟な働き方を実現するための措置」は、子どもが3歳になってから小学校に入るまでの間、使える制度が拡充される、というもので、もちろんパパも使えます。

この制度は、なるべくフルタイムで働きながら育児ができるように整えられたしくみで、会社は、フレックスタイム制や始業終業時刻の変更、テレワーク等、保育施設の設置運営等、新たな休暇制度、短時間勤務制度から2つ以上を選択して就業規則に定め、従業員は、そのうち1つを選択して利用できる、というものです。(⇒6-3)

＼教えて！／
どうしてこんなにいろんな制度ができてきたの？

たとえば短時間勤務制度は、法律通りだと子どもが3歳になるまでしか使えません。でも、子どもは3歳になったからといって一人で保育園に行けるようになるわけでもなく、留守番ができるようになるわけでもないと思います。そんなとき、たとえばママだけが子育ての負担を背負って仕事を辞めざるを得なくなったりしないように、いろいろな制度を準備して、使えるようにしておくことになったのです。

わが子の成長をパパとママとで支え、見守りながら、お互いのキャリアも大事にしていけるように、上手に制度を利用してほしいですね。

COLUMN

イクメンプロジェクト

　「イクメン」という言葉は今ではすっかり定着してきていますが厚生労働省では、男性も子育てしやすい社会の実現に向けて「イクメンプロジェクト」を実施しています。

　イクメンとは、子育てを楽しみ、自分自身も成長する男性のこと。または、将来そんな人生を送ろうと考えている男性のことを指します。育児にもっと関わりたいという男性が増えている今、子育てのしやすい環境づくりに社会全体で取り組むべく、本プロジェクトが進んでいます。

　本プロジェクトでは、育児休業をとりたいという従業員や男性の育休を進めたいという会社向けに、さまざまな情報発信をしており、育児休業という制度自体の解説をはじめ、社内研修資料の掲載や、管理職・人事担当、若年層向けのセミナーも行っています。

　また、育児休業をとった方の体験談や会社の取組事例の掲載もありますので、自分自身が育休をとる方や、部下が育休に入るといった方にも、きっとお役に立つはずです。

| イクメンプロジェクト | 検索 |

URL：https://ikumen-project.mhlw.go.jp/

おわりに
コキンのひとりごと

　　　働く人の妊娠・出産・育児を応援する労働局の第一線で仕事をしていて、なんといってもうれしい瞬間は、「無事に元気な赤ちゃんが生まれました！」「あのときの子、こんなに大きくなりました！」と、以前相談をうけた方が来局されたり、写真を送ってくれたりしたときです。

　　派遣労働者として、おそらく第1号として育休をとった方が、「あのときのおなかの中の子、小学校に入りました！」と労働局の近くに来たついでに立ち寄ってくださったときには、「おお！　7年たったんだ。7年ですっかり派遣労働者の育休はあたり前になってるな」と感無量でした。

　　そして、ふたりで、「育児・介護休業法から生まれた子」ですね、と笑いあったのですが、そのときから、この法律は「文字」が並んでいるだけなのに子どもを産めるんだ、すごいなぁ、と思っています。

　　本書では、会社の方に、多くの義務や禁止事項について説明しました。パパになる男性諸氏にも、パパもがんばって！　とはっぱをかけました。現場でずっと、いろんな立場の人の本音や苦悩をみてきたので、法律だから、義務だからと目を三角にして押し付けずに、ときには法律をさておいたりしながら、どうしてこの法律が必要なのか、現場レポートをする気持ちで語ってきたつもりです。

　　そして、本書のコキンさんコーナーでは、第1章からずっと「一度きりの人生、どうするのか」という気持ちを込めてお話してきましたが、その1回の人生は、だれかが産み、育てないとはじまらないんだよなぁ、ともときどき思います。

　　寅さん！　こんなに膨大で複雑な法律・制度についての解説、ナイスファイト！　お疲れ様でした。こんな寅さんを産み、育ててくれたご両親にも、そのご両親にも………みんなに感謝！

参考資料6　産休・育休などに関連する裁判例の紹介

弁護士　芦原一郎

明治図書出版事件（東京地裁 H14.12.27決定）…………………………… 266
　〈育介法26条〉

東朋学園事件（最高裁一小 H15.12.4判決）…………………………………… 267
　〈均等法改正前の賞与支給の取扱い〉

広島中央保健生協（C生協病院）事件（最高裁一小 H26.10.23判決）
…………………………………………………………………………………… 268
　〈労基法65条3項、均等法9条3項〉

ツクイほか事件（福岡地裁小倉支部 H28.4.19判決）………………… 269
　〈マタハラ防止措置前のマタハラ〉

社会福祉法人緑友会事件（東京高裁 R3.3.4判決）………………… 270
　〈労契法16条、均等法9条4項〉

アメックス（降格等）事件（東京高裁 R5.4.27判決）…………………… 271
　〈均等法9条3項、育介法10条〉

263

明治図書出版事件（東京地裁 H14.12.27決定　労働判例861号69頁）

　この事案は、編集を担当していた従業員Ｘが、会社Ｙから大阪転勤を命じられたことに対し、共働きで、かつ、アトピーをもつ3歳以下の2人の子どもの週2回の通院等があり、転勤命令は無効であるとして争った事案です。裁判所は、Ｘの請求を認めました。

１．判断枠組みと育介法26条

　この事案では、Ｙの就業規則に「正当な理由」無くして異動を拒めない、という趣旨の規定があることから、この「正当な理由」の有無によって、転勤命令の有効性を判断しています。そしてこの「正当な理由」は、①Ｙにとっての必要性、②Ｙに違法・不当な目的のないこと、③Ｘにとって通常甘受すべき程度を著しく超える不利益のないこと、の3つの判断要素で判断する、とされました。この①～③は、有名な「東亜ペイント事件」最高裁判決が、人事権の「濫用」に関して示した判断枠組みと同様です。「正当な理由」は、言葉こそ違うものの、「濫用」と同様の判断枠組みが採用されたのです。

　このうち②は問題にされませんでした。①は、Ｘの能力を買って大阪の為に転勤を命じた背景があり、必要性があることが認められました。

　問題は③であり、育介法26条も、この③に関する問題として検討されました。すなわち、子育てに配慮しなければならない、という同条の趣旨に照らして、Ｘの不利益が著しく大きい、と評価されたのです。

２．実務上のポイント

　ただし、注意が必要なのは、育介法26条によって子育て中の異動が全て禁止されたわけではない点です。

　ここでは、会社も月1回の帰京費用、月3万円の補助の負担などを申し出ており、その点は評価されています。しかし最も重視されたのは、アトピー持ちの子どもの養育の負担です。これによって、Ｘにとって著しい負担であるとされました。

　育介法26条は、Ｘの申し出に「配慮」せず、再検討などをしていなかった点を問題にしたのです。「配慮」の意味が、今後、議論されるポイントです。

東朋学園事件（最高裁一小 H15.12.4判決　労働判例862号14頁）

　この事案は、産休に関し、①産休日数、②短縮時間数について、いずれも賞与算定の際に従業員の不利益に考慮していた事案です。賞与だけでも論点は２つあります。❶まず、賞与を支給するかどうか、という段階の判断です。すなわち、出勤率90％以上でしか賞与が支給されないと定め、産休日数（②も①に加算されます）を分母の「出勤すべき日数」には加算し、分子の「出勤した日数」には加算しない取り扱いとしています。❷次に、（年度によって計算式（特に定数の数値）が異なりますが）賞与が支給される場合にその金額から欠勤日数に応じて減額することとしていました。産休を取ったために不利益を受けたとして、従業員Ｘが差額の賠償などを求めました。

　他にも論点はありますが、❶❷について、２審はいずれも違法とし、最高裁は、❶を２審同様違法としたものの、❷は適法の可能性を示して２審判決を取り消し、再審理を命じました（破棄差戻）。

１．賞与の❶有無と❷金額

　❶について、最高裁は、Ｘの収入や産休取得の実態を重視して、すなわち単なる規定の表現ではなくその運用実態を重視して、違法としました。

　すなわち、Ｘの収入の３割前後が賞与だったこと、90％以上という水準は産休の取得だけで達成不可能、したがって産休取得をためらわせてしまう、という趣旨の整理をしました。

　他方❷について、こちらは賞与の減額にすぎず、産休の間はもともと無給である、したがって産休の「趣旨を実質的に失わせるものとまでは認められ（ない）」としました。そのうえで、就業規則の不利益変更等、有効性に関する他の議論を尽くすことを２審に命じたのです。

２．実務上のポイント

　法改正により関連規定が強行規定となったことから、違う判断がされる可能性も示唆されています（菅野労働法13版573頁注）。

　強行規定となった後も、同様の判断がされるのか、今後の展開が注目されます。

広島中央保健生協（C生協病院）事件（最高裁一小 H26.10.23判決　労働判例1100号5頁）

　この事案は、副主任だった理学療法士Xが、病院Yから、妊娠を機に軽易な業務に転換されるとともに（このこと自体は労基法65条3項に基づくもので問題ありません）、副主任を外れ（降格）、育休明けに復職しても副主任に戻されなかったことから、降格の合理性が争われた事案です。

　2審は合理性を認めましたが、最高裁は違法の可能性を示して2審判決を取り消し、再審理を命じました（破棄差戻）。

1．判断枠組み

　2審と最高裁の最も大きな違いは、判断枠組みです。すなわち2審は、Yの裁量権の範囲内かどうか、という観点から合理性を判断し、これを認めました。

　これに対して最高裁は、Xの降格が均等法9条3項の不利益取扱いに該当するとしたうえで、この場合、原則として違法だが、例外として違法でない場合として、①従業員が「自由な意思」によって処分に合意した場合、②処分の必要性があり、均等法の趣旨に反しない「特段の事情」がある場合、を挙げました。

　そのうえで、①は認められないが、②が明らかでなく、審理不尽であるとして、②の点の再審理を命じたのです。

　このように、均等法の禁止取扱いに該当する処分の場合には、原則として違法となり、会社側が①②を証明できないと不合理とされる、という判断枠組みが示されたのです。

2．実務上のポイント

　①の「自由な意思」について注目されるのは、これが否定されたポイントが、❶降格したことのXのメリットが明確でなく、❷管理職を外れ給与が減るなどのデメリットが大きく、❸副主任に戻れない点でXの意向に反すること、の3点にあります。これらの点を十分説明せずに承諾させたのだから、この承諾は「自由な意思」に基づかない、と評価されたのです。

　均等法の禁止取扱いに該当する場合のルールとして、参考になります。

ツクイほか事件（福岡地裁小倉支部 H28.4.19判決労働判例1140号39頁）

　この事案は、デイサービスの介護職員Xが妊娠中の業務軽減などを相談したのに会社Yがこれに応じないような発言をしたり、数か月対応しなかったりしたことの違法性が争われた事案です。

　裁判所は、Yの対応の一部を違法としました（慰謝料額35万円）。

1．何が違法とされたのか

　1点目は、Xが妊娠を報告して業務軽減を相談しようとした打ち合わせの場での、Y担当者の言動です。

　ここでは、Xの業務態度の改善を求めるなどしただけでなく、業務軽減どころか従前以上に働くことを求めているような様子、業務軽減を認めない様子だったことが、たとえ嫌がらせ目的でなくても、Xの人格権を侵害する、とされました。

　2点目は、この打合せから1か月経っても業務軽減案がXから提出されなかったのに、Y側から状況確認や医師への確認をせず、さらにXから業務軽減案が提出された後、実際に業務軽減するまでの数か月間、何もしなかった点です。ここでは、職場環境を整え、Xの健康に配慮する義務に違反する、とされました。

　以上2点に対し、Yは業務軽減を指示し、たとえば勤務時間も従前の8時間〜10時間を4時間にするなどしましたが、この点は合理性が認められました。

2．実務上のポイント

　結果的に業務軽減を認めた点については、その内容についてXは不満が残るものだったようですが、合理性が認められました。もちろん、相当の合理性があってのことですが、従業員側の要望を全て受け入れなければならない、というわけではないことが示されました。

　けれども、結果的に業務軽減すれば良いのではなく、その過程での配慮不足が違法とされた上記2点に共通する、Xが業務軽減を求めにくくならないようにすべきであった、という点が注目されます。

　すなわち、1点目ではY担当者の言動、2点目ではY側がXを放置したような状況から、Yの対応の違法性が認められたのです。

社会福祉法人緑友会事件（東京高裁R3.3.4判決　判例時報2516号111頁）

　この事案は、保育士Xが、産休の打ち合わせの途中に、それまでの言動に問題があることを理由に、保育園Yを退職させられた事案で、Xは退職が無効であると争いました。1審2審いずれも、Xの主張を概ね認めました。

1. 論点

　ここではまず、「合意」による退職が成立したかどうかが争われましたが、裁判所はこれを否定しました。説明の際に「はい」と相槌を打っても、これは同意したことにならず、その他の言動も退職を受け入れる趣旨の発言ではなかった、という理由です。

　次に、解雇の有効性が争われましたが、裁判所は「合理性」が無いとしてこれを否定しました。本事案では、3名の保育士と園長が対立していて、保育方針や行事の運営などで、時々意見が食い違っていました。Y側は、原告以外の2名に対して退職勧奨を行い、2名は自主退職しましたが、ちょうどそのころに原告が産休・復職希望の申請を行った機会に、退職勧奨が行われました。

　解雇の「合理性」は、主に、園長と対立していた際の言動の悪質性として問題にされました（悪質性が高いと、合理性も高くなる）が、Xらの言動に多少不適切なものがあっても、園長らがそれを指導教育すべきであり、Yらの方針や指導に従わなかったわけではない、としたのです。特に注目されるのは、理由はわかりませんが、指導教育をしなくなったことについて、改善の機会を与えるべきなのにそれをしなかったとして、「合理性」を否定すべき事情と評価されている点です。

2. 実務上のポイント

　肝心の均等法9条4項（妊娠中の解雇禁止）ですが、9条3項に該当しない場合は例外的に有効、とする部分について、単に9条3項に該当しないだけでなく、解雇の「合理性」が必要、と示しました。9条3項それ自体は、ほとんど検討されていません。「合理性」だけで結論が出ています。逆に言うと、妊婦の解雇が適法とされるためには、解雇の「合理性」と9条3項非該当の両方が必要なのです。

アメックス（降格等）事件（東京高裁 R5.4.27判決　労働判例1292号40頁）

　この事案は、産休育休以前には37名の部下がいるなどチームリーダーとして働いていた女性従業員Ｘが、復職後、チームリーダーとしてのランク付けが維持されたものの、部下が一人もいない状態になるなど、業務内容が大きく変わったことが、均等法・育介法に違反する等として、会社Ｙに対して損害賠償を求めた事案です。

　１審は、Ｘの請求を全て否定しましたが、２審は、Ｘの請求の一部を認めました（慰謝料額200万円）。

１．１審との違い

　１審（東京地判 R1.11.13労判1224.72）では、休職前の業務がなくなってしまった、したがって、復職の際に原職に戻さなかったことは止むを得ない、と判断しました。この点は、２審も同様です。

　けれども２審は、まず、（基本給や手当など）経済的な不利益を伴わなくても、業務内容の質が著しく低下し、将来のキャリア形成に影響を及ぼしかねない場合も、均等法・育介法に違反する、としました。そのうえで、①かかる措置を「自由な意思」で承諾した場合か、②均等法・育介法の趣旨及び目的に実質的に反しない場合に、均等法・育介法違反にならない、という判断枠組みを示したのです。

　そのうえで、以前は多数の部下がいたのに自ら電話での新規開拓を行わせた措置は、「キャリア形成に配慮せず、これを損なうものであった」と評価しました。そのうえで、①「自由な意思」や②実質的な違反の有無を検討し、いずれも否定しました。

　また、人事考課に関しても、部下をつけなければリーダーシップを評価できず、低い評価になるのは当然であって、部下をつけなかったことが違法なのだから、人事考課も違法、という趣旨の判断を示しています。

２．実務上のポイント

　本事案で見る限り、過去から現在にかけて状況が悪化した点が指摘されていますが、キャリア形成上の不利益、という言葉に含まれる現在から将来に向けての状況の悪化を裏付ける事実は、示されていません。

　今後、キャリア形成の意味について議論がされるでしょう。

取材先・執筆・制作について（敬称略）

取材協力　　　　　　東京労働局
判例執筆　　　　　　芦原一郎（弁護士）
Episode 執筆　　　　江頭紀子（フリーライター）
イラスト（表紙・本文）　よしのまゆみ（イラストレーター）
企画・編集　　　　　三浦貴子（経営書院）

○取材にご協力いただいた方々
横山ちひろ、荒井由希子、水口有希、寺内萌

参考になるウェブサイトなど

○ e-Gov 法令検索
https://laws.e-gov.go.jp/
○厚生労働省法令等データベース
https://www.mhlw.go.jp/hourei/index.html?
○（厚生労働省）雇用における男女の均等な機会と待遇の確保のために
https://www.mhlw.go.jp/stf/seisakunitsuite/bunya/0000133471.html
○（厚生労働省）育児・介護休業法について
https://www.mhlw.go.jp/stf/seisakunitsuite/bunya/0000130583.html
○（厚生労働省委託事業）働く女性の心とからだの応援サイト
https://www.bosei-navi.mhlw.go.jp/index_bosei.html
○（東京労働局）妊娠・出産・育児のページ
https://jsite.mhlw.go.jp/tokyo-roudoukyoku/hourei_seido_tetsuzuki/kinto2/01.html
○（厚生労働省）事業主の方へ給付金のご案内
https://www.mhlw.go.jp/stf/seisakunitsuite/bunya/kodomo/shokuba_kosodate/ryouritsu01/index.html
○（東京労働局）仕事と家庭の両立に関する助成金（両立支援等助成金）
https://jsite.mhlw.go.jp/tokyo-roudoukyoku/news_topics/kyoku_oshirase/_120743/_122075.html
○（厚生労働省）雇用環境・均等部（室）所在地一覧
https://www.mhlw.go.jp/stf/seisakunitsuite/bunya/koyou_roudou/koyoukintou/index.html#h2_6
○（厚生労働省）ハローワーク所在案内
https://www.mhlw.go.jp/stf/seisakunitsuite/bunya/koyou_roudou/koyou/hellowork.html

教えて！ 東京労働局さん
働く人の妊娠・出産・育児

2025年3月21日 第1版第1刷発行

編者 経 営 書 院
発行者 平 盛 之

発行所 ㈱産労総合研究所
出版部 経営書院

〒100-0014 東京都千代田区永田町1-11-1 三宅坂ビル
電話 03-5860-9799
https://www.e-sanro.net/

印刷・製本 藤原印刷株式会社
ISBN 978-4-86326-391-8 C2032

本書の一部または全部を著作権法で定める範囲を超えて、無断で複製、転載、
デジタル化、配信、インターネット上への提出等をすることは禁じられてい
ます。本書を第三者に依頼してコピー、スキャン、デジタル化することは私
的利用であっても一切認められていません。
落丁・乱丁本はお取替えいたします。

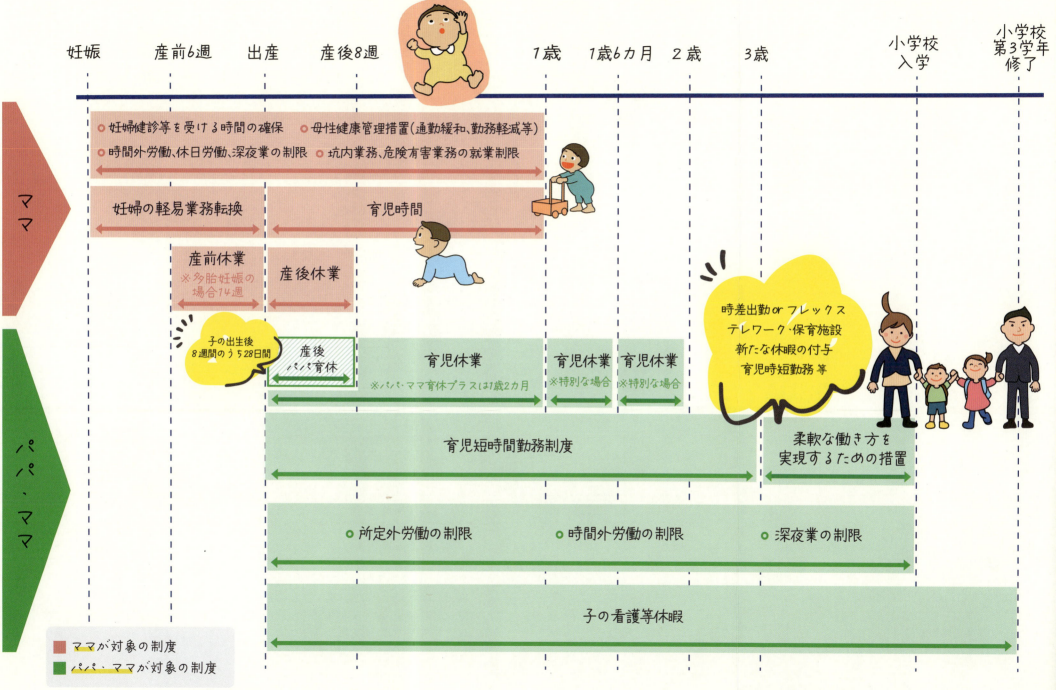

「妊娠・出産・育児」年表　妊娠中

出産予定日は、妊娠40週の開始日です。

妊娠週数は、最終月経日第1日目より満で数えます

日	0～	7～	14～	21～	28～	35～	42～	49～	56～	63～	70～	77～	84～	91～	98～	105～	112～	119～	126～	133～	140～	147～	154～	161～	168～	175～	182～	189～	196～	203～	210～	217～	224～	231～	238～	245～	252～	259～	266～	273～	280～	287～	294～	301～
週	0週	1週	2週	3週	4週	5週	6週	7週	8週	9週	10週	11週	12週	13週	14週	15週	16週	17週	18週	19週	20週	21週	22週	23週	24週	25週	26週	27週	28週	29週	30週	31週	32週	33週	34週	35週	36週	37週	38週	39週	40週	41週	42週	43週
月	妊娠1カ月				妊娠2カ月				妊娠3カ月				妊娠4カ月				妊娠5カ月				妊娠6カ月				妊娠7カ月				妊娠8カ月				妊娠9カ月				妊娠10カ月				妊娠11カ月			

安定期 ／ 臨月

妊娠判明

- ＜妊産婦＞母性健康管理措置【均等法12条、13条】※母健措置で休業となった場合、傷病手当金の支給対象となる可能性があります
- ＜妊産婦＞時間外労働、休日労働、深夜業の制限【労基法66条】
- ＜妊婦＞軽易業務への転換【労基法65条3項】
- ＜女性＞危険有害業務の就業制限【労基法64条の3】

（双子以上の場合）　産前休業【労基法65条1項】

出産予定日含め6週間（双子以上の場合は14週間）

（双子以上の場合）　＜産休中＞出産手当金　＜出産時＞出産育児一時金

（双子以上の場合）　社会保険料の免除（無給の場合は、雇用・労災保険料は発生せず）

- ■ ママが対象の制度
- ■ パパ・ママが対象の制度
- ■ 給付金など

ご自身の予定日を記入してみましょう！

産休や育休の開始日の計算にあたっては、厚生労働省委託事業のこちら↓のサイトをご活用ください。

働く女性の心とからだの応援サイト　厚生労働省委託事業　https://www.bosei-navi.mhlw.go.jp/leave/　[検索]

（双子以上の場合）	産前休業開始日	出産予定日
月　日	月　日	～ 月　日

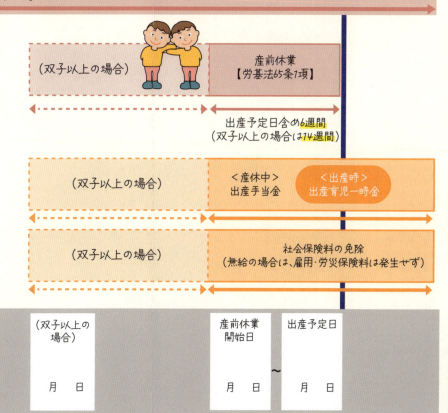

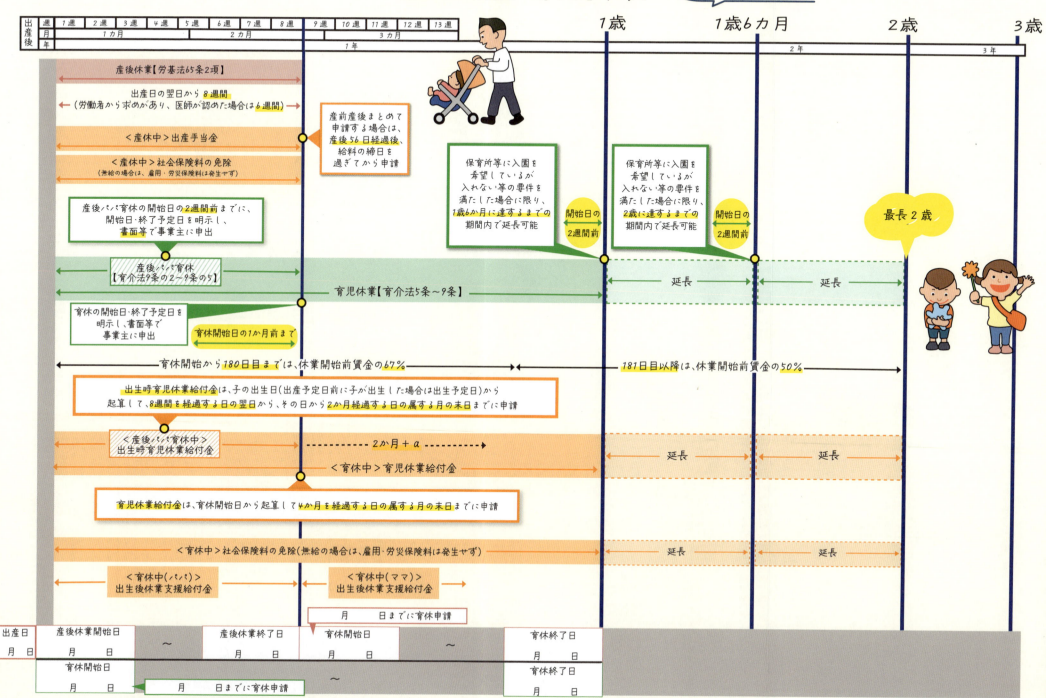